Help! Mijn kind heeft faalangst

Help! Mijn kind heeft faalangst

Hulpbron voor ouder en kind bij het omgaan met faalangst en examenvrees

Herberd Prinsen

Bohn
Stafleu
van Loghum

Springer Media

Houten 2010

© 2010 Bohn Stafleu van Loghum, onderdeel van Springer Media
Alle rechten voorbehouden. Niets uit deze uitgave mag worden verveelvoudigd, opgeslagen in een geautomatiseerd gegevensbestand, of openbaar gemaakt, in enige vorm of op enige wijze, hetzij elektronisch, mechanisch, door fotokopieën of opnamen, hetzij op enige andere manier, zonder voorafgaande schriftelijke toestemming van de uitgever.

Voor zover het maken van kopieën uit deze uitgave is toegestaan op grond van artikel 16b Auteurswet j° het Besluit van 20 juni 1974, Stb. 351, zoals gewijzigd bij het Besluit van 23 augustus 1985, Stb. 471 en artikel 17 Auteurswet, dient men de daarvoor wettelijk verschuldigde vergoedingen te voldoen aan de Stichting Reprorecht (Postbus 3051, 2130 KB Hoofddorp). Voor het overnemen van (een) gedeelte(n) uit deze uitgave in bloemlezingen, readers en andere compilatiewerken (artikel 16 Auteurswet) dient men zich tot de uitgever te wenden.

Samensteller(s) en uitgever zijn zich volledig bewust van hun taak een betrouwbare uitgave te verzorgen. Niettemin kunnen zij geen aansprakelijkheid aanvaarden voor drukfouten en andere onjuistheden die eventueel in deze uitgave voorkomen.

ISBN 978 90 313 8331 3
NUR 854/770

Ontwerp omslag en binnenwerk: Studio Bassa, Culemborg
Automatische opmaak: Crest Premedia Solutions (P) Ltd., Pune, India

Bohn Stafleu van Loghum
Het Spoor 2
Postbus 246
3990 GA Houten

www.bsl.nl

Daarom hebben auto's een bumper en potloden een gummetje, mensen maken nu eenmaal fouten!

Inhoud

	Inleiding	9
1	**Faalangst/examenvrees, wat is dat eigenlijk?**	13
1.1	Soorten angst	14
1.2	Soorten faalangst/examenvrees	15
1.3	Waar komt faalangst/examenvrees vandaan en hoe denken faalangstige kinderen?	16
2	**Training of therapie/hulpverlening?**	19
2.1	Training: angst als toestand (veel spanning en stress als je moet presteren)	20
2.2	Therapie: angst als (levens)trek (meer dan alleen spanning als je moet presteren)	21
2.3	Geen training of therapie als ...	22
3	**Faalangst/examenvrees van (t)huis uit**	23
3.1	Context en loyaliteit	24
3.2	Balans tussen geven en ontvangen	28
3.3	Reflectie op eigen functioneren	31
3.4	Van generatie op generatie	35
3.5	Loslaten of vasthouden	36
3.6	Oorzaak of schuld	38
3.7	Zelfvertrouwen of zelfvalidatie	40
4	**Heeft mijn kind last van faalangst/examenvrees?**	42
4.1	Signaleren en herkennen	43
4.2	'Ik zie, ik zie ook wat jij ziet' (observeren)	47
4.3	Test, diagnose en advies	47
5	**Begeleiding voor ouders/verzorgers**	52
5.1	Zelfvertrouwen: waar kun je dat halen?	52
5.2	Oefeningen/opdrachten voor ouder en kind	55
5.3	Evaluatie van de totale begeleiding	67

6	**Verbinding via de begeleiding door derden**	68
6.1	De dynamische driehoek	69
6.2	Hoe kunnen school en ouders samenwerken?	71

| 7 | **Begeleiding voor het kind zelf bij spanning en stress** | 73 |
| 7.1 | Oefeningen/opdrachten voor jongeren om te leren omgaan met faalangst/examenvrees | 74 |

Bijlage 1: Kernbegrippen uit de (contextuele) begeleiding — 78

Bijlage 2: Formulieren bij de oefeningen — 84

Nawoord — 87

Literatuur — 89
Websites — 90

Over de auteur — 91

Inleiding

Problemen zijn geen stopborden, maar wegwijzers

Herberd Prinsen

> Wim loopt het leslokaal in en gaat aan zijn tafel zitten. Op het moment dat hij de toets van zijn docent krijgt en de eerste vraag leest klapt hij helemaal dicht. En hij begint erg te zweten en snel te ademen. Zijn leraar ziet dit en vraagt: 'Wat is er, Wim?' Wim schrikt en begint nog meer te zweten. Hij zegt: 'Niks hoor.' De signalen en de reactie van Wim doen de docent vermoeden dat Wim misschien wel last heeft van faalangst.

Wim is niet de enige puber die hier hinder van heeft. Uit onderzoek blijkt dat ongeveer 12% van alle jongeren tussen 10 en 13 jaar last heeft van faalangst of hier slecht mee omgaat. Ongeveer 25% van alle examenkandidaten heeft examenvrees. Om het beeld compleet te maken: iedere mens is bang om te falen en fouten te maken, dus 100% van de mensen heeft faalangst/examenvrees, en een gedeelte (jongeren 10-13 jaar: 12% en examenkandidaten: 25%) gaat hier slecht mee om en heeft er last van.
Tijdens ouderavonden beluister ik vaak de zorg van ouders over de hinder die zij en hun kind van dit fenomeen hebben. Spanning en stress zijn thema's die jongeren en hun ouders soms aardig in de greep houden. Ouders voelen zich dikwijls machteloos, goedbedoelde adviezen aan hun kind lopen vaak uit op nog meer stress en spanning en hebben daardoor een tegengesteld effect.
Voor een ouder is het lastig te voelen wat het kind voelt, denkt en bezighoudt en hoe hij in reactie hierop dient te handelen. Uit onderzoek is gebleken dat een van beide ouders van elk kind dat slecht omgaat met faalangst/examenvrees, er zelf ook last van heeft, alsof het kind het van de ouder heeft overgenomen.

Faalangst/examenvrees steekt doorgaans de kop op als een prestatie verwacht wordt in de vorm van een toets, (rij)examen, spreekbeurt, presentatie van een profielwerkstuk en dergelijke. De stress/spanning zorgt er dan meestal voor dat het resultaat slechter, soms zelfs nihil is (bijvoorbeeld een 1). School is de eerste vindplaats van faalangst en examenvrees, maar u kunt ook denken aan het examen voor het brommercertificaat, het rijbewijs, een optreden tijdens een muziekavond, het spelen van een belangrijke wedstrijd voor het kampioenschap. De school heeft dan ook als eerste de verantwoordelijkheid dit verschijnsel te signaleren en te diagnosticeren, natuurlijk in samenspraak met ouders. Want zonder de ouders zal dit niet lukken. Voor jongeren zal de groei tot betekenisvolle volwassene soepeler verlopen als zij minder gebukt hoeven gaan onder faalangst/examenvrees.

Dit boek gaat over de angst om fouten te maken. Het is bedoeld voor ouders die zich zorgen maken over de spanning en stress van hun kind tijdens het presteren. Het is een hulpbron voor ouders met kinderen in de leeftijdsgroep van 10 tot 20 jaar. Het behandelt vragen die de ouders zelf hebben of vragen die rijzen in gesprekken met anderen, bijvoorbeeld de mentor. Maar ook vragen van het kind, bijvoorbeeld over het lukken of mislukken van inspanningen voor zijn studie. In vaktaal: dit boek gaat over vragen over faalangst of examenvrees.

In hoofdstuk 1 wordt uitgelegd wat het begrip faalangst/examenvrees inhoudt en wat de oorsprong van deze angst kan zijn. Onder andere vanuit de context zal gezocht worden naar mogelijke aanleidingen voor of oorzaken van faalangst/examenvrees om zo verder te kijken welke mogelijkheden deze context biedt om antwoorden te vinden of problemen op te lossen.

Daarmee is de kern van dit boek bepaald: hoe herken je faalangst, hoe maak je die bespreekbaar en wat kun je er – samen, als ouders en kind – aan en mee doen?
Ouders vragen zich af:
– Wat doet het mij als ik geconfronteerd word met de faalangst van mijn kind?
– Hoe kan ik mijn kind begeleiden?
– Wat kan of moet mijn kind zelf doen?
– Wat moet ik wel en wat vooral niet doen?

Antwoorden op deze en andere vragen worden aangereikt in de vorm van praktische handvatten: tips, oefeningen, vragen die u als ouders met uw kind kunt bespreken en opdrachten waar het kind zelf mee kan oefenen.
Ten slotte zijn in dit boek tips opgenomen over hoe u goed contact kunt leggen met een van de andere belangrijke leefwerelden van uw kind: de school. Wat kan de school doen en wat kunt u samen met de school doen?

Een woord van dank gaat uit naar de leerlingen en hun ouders op wie ik de oefeningen mocht uitproberen.
Verder een woord van dank aan familie, vrienden en collega's, die mij elke keer weer bemoedigden en tot nieuwe inzichten brachten.

Als auteur van deze hulpbron voor ouders en kinderen wil ik graag Evelien Crone en Jelle Jolles bedanken voor de resultaten uit hun onderzoeken aan het brein van jongeren. Hierdoor heeft dit boek de hoge kwaliteit gekregen die nodig is om ouders en hun kind(eren) praktische handreikingen te bieden tijdens de opvoeding en groei van hun kind tot betekenisvolle volwassene. Dit boek kan ouders en hun kinderen helpen deze periode zonder al te veel kleerscheuren te doorlopen. Ik wens de lezer en gebruiker veel plezier.

Herberd Prinsen
Houten, juni 2010

> Aan het einde van de les roept de leraar Wim even bij zich en vraagt: 'Ik wil graag even met je praten over jouw reactie en gedrag aan het begin van de toets, is dat goed?' Wim knikt voorzichtig. 'Wat gebeurde er aan het begin van de toets?' Wim begint weer te zweten en een beetje te snikken, hij vertelt door zijn tranen heen dat hij weer een black-out heeft gekregen en dat dit de laatste tijd wel vaker gebeurt. Hij vertelt dat hij hier erg van baalt omdat hij de toetsen altijd goed leert en voor de toets alles weet als zijn ouders hem overhoren. Zijn leraar stelt voor hem door te verwijzen naar de faalangsttrainers die in de school werken. Wim vindt dat een goed idee. De leraar wil dat Wim dit vanmiddag met zijn ouders bespreekt en wil graag morgen horen of zijn ouders dit ook een goed idee vinden. De volgende dag brengt de leraar Wim in contact met een van de faalangsttrainers.

1 Faalangst/examenvrees, wat is dat eigenlijk?

De beste manier om een probleem op te lossen, is de humor ervan te ontdekken

F.A. Clark

Angelike haalt veel slechte cijfers en vindt leren niet gemakkelijk. 'Ik heb last van faalangst volgens mijn vader', zegt Angelike. De mentor denkt: Jaja, dat zal wel, zij is gewoon lui en zit altijd te kletsen tijdens de les. Hij zegt tegen Angelike: 'Je moet gewoon harder werken en beter je best doen.' Maar Angelike werkt thuis erg hard en laat zich vaak door haar broer overhoren. Als de mentor verder had gekeken dan zijn neus lang is, had hij gezien dat ze waarschijnlijk last heeft van faalangst. Als de school en de ouders Angelike willen begeleiden, moeten zij eerst weten wat faalangst nu eigenlijk is en hoe je die kunt signaleren.

In dit hoofdstuk wordt het fenomeen faalangst/examenvrees nader uitgelegd.
Eigenlijk is faalangst de angst om te falen. Je hebt angst om fouten te maken of iets niet goed te doen in situaties waarin je beoordeeld wordt of waarin je jezelf beoordeelt. Je bent bang om te mislukken, niet te voldoen aan de verwachtingen van je ouders, leraren, klasgenoten, vrienden en/of de verwachtingen die je voor jezelf hebt gesteld.
Iedere mens heeft last van faalangst en/of examenvrees, alleen gaat 12% respectievelijk 25% er slecht mee om. De wetenschap dat iedereen, dus ook ouders en leraren, last van faalangst en/of examenvrees heeft, geeft veel jongeren al voldoende ruimte. De jongere die slecht met zijn faalangst/examenvrees omgaat geeft veel signalen af. Soms

zijn die signalen tegenstrijdig. Het is dus altijd noodzakelijk met de jongere in gesprek te gaan om te checken of het faalangst/examenvrees is die ervoor zorgt dat hij deze signalen afgeeft, of dat andere thema's een rol spelen.

Dat wij mensen angsten hebben is goed. Wanneer wij angst hebben wordt door ons lichaam onder andere het hormoon adrenaline aangemaakt, dat ons paraat maakt om te vechten of te vluchten. Zonder dit hormoon zouden we waarschijnlijk vaker van de trap vallen, ons in de vingers snijden of ongelukken maken.

De adrenaline zorgt ervoor dat we grotendeels instinctief handelen. Aan jongeren leg ik dit altijd als volgt uit. Onze hersenen werken net als een computer met twee harde schijven. Het ene deel van de hersenen (bij een computer de C-schijf) is bedoeld om het lijf te laten functioneren, bijvoorbeeld de ademhaling, de bloedsomloop, het autonome zenuwstelsel e.d. (in een computer zijn dat Windows, Word, Powerpoint, Excel e.d. die ervoor zorgen dat de computer werkt). Ik noem dat de mentale software. In het andere deel van de hersenen (in een computer de D-schijf) worden kennis en vaardigheden opgeslagen (in een computer zijn dat de databestanden zoals een Word- of Excelbestand of een Powerpointpresentatie). Wat doet nu adrenaline? Zoals al vermeld, zorgt adrenaline ervoor dat we in angstsituaties nog wel blijven leven maar vaak kunnen we niet meer bij dat deel van de hersenen waar data zijn opgeslagen. We noemen dit een black-out. Een halfuur na de prestatie, wanneer de adrenaline minder is geworden, herinneren we ons dan weer alle woordjes Frans of de stelling van Pythagoras. Verder zorgt adrenaline ervoor dat ons lijf klaar wordt gemaakt om te vechten of te vluchten. Dat betekent bijvoorbeeld dat onze ademhaling sneller wordt, ons bloed sneller gaat stromen, onze bloedvaten verwijden (bijvoorbeeld een rood hoofd) en onze spieren zich spannen om te worden gebruikt om te vechten of te vluchten. Dat betekent dat er minder energie is om te denken.

1.1   Soorten angst

Angst is in twee soorten te verdelen, namelijk angst als levenstrek en angst als toestand.
Angst als *levenstrek* is angst in veel situaties en niet alleen bij prestaties. Voorbeelden zijn vliegangst, angst om in een lift te gaan, angst voor spinnen, in grote groepen, in sociale situaties, voor kleine ruimtes, voor hoogten, smetvrees, straatangst enzovoort. En dan meerdere tegelijk, ofwel achter iedere boom staat een beer.

Angst als *toestand* is bijvoorbeeld faalangst/examenvrees, die is gekoppeld aan een toestand, een toets, een examen, een optreden of een presentatie/spreekbeurt. Deze angst is eigenlijk een doorgeschoten bang zijn, je bent vergeten bang te zijn. Het is belangrijk te onderzoeken (diagnosticeren) of het faalangst/examenvrees is of meer dan faalangst/examenvrees (angst als levenstrek).

Met faalangst/examenvrees kunnen jongeren zelf of eventueel met hulp van een ander (ouders, een faalangst/examenvreestrainer, de leerlingbegeleider of de mentor) leren omgaan. Bij angst als levenstrek is begeleiding door een hulpverlener/therapeut vereist. De voedingsbodem voor angst als levenstrek is soms al gevormd bij de geboorte. Die angst is vaak van jongsaf ontwikkeld en ook erfelijkheid kan een rol spelen.

En dan zijn er nog de psychische stoornissen, traumatische ervaringen en dergelijke. Ze lijken in eerste instantie te wijzen op faalangst, maar wie verder kan en wil kijken zal zien dat de basis van het probleem niet bij de schoolprestaties ligt, maar in het systeem van het kind.

1.2 Soorten faalangst/examenvrees

Van angst als toestand, dus faalangst/examenvrees, zijn drie vormen te onderscheiden: cognitieve faalangst, sociale faalangst en motorische faalangst.

De eerste en bekendste is *cognitieve faalangst*. Dat is de faalangst die de kop opsteekt bij toetsen en vaak ook al ver voor de toets, tijdens het leren van de woordjes, teksten, formules en theorieën. Andere, niet zo voor de hand liggende situaties waarin faalangst zich kan manifesteren, zijn het krijgen van een beoordeling (het cijfer) en het krijgen van een rapport, dat kan immers betekenen: wel/niet blijven zitten of wel/niet slagen. Tot een jaar of vijftien geleden werd dit aangeduid als faalangst. Tegenwoordig weten we dat er nog twee andere vormen zijn.

Sociale faalangst wordt met name ervaren in sociale contacten zoals op school, in de klas, in de gang, op het plein. Maar ook tijdens feesten en in vriendschappen en niet te vergeten de beurt in de klas en de spreekbeurt/presentatie voor de klas. Hierbij gaat het niet om de angst iets te vergeten of dat het niet perfect is maar meer om de gedachte: wat vinden ze van me als ik iets vergeet of een fout maak? Iedere mens – de puber in het bijzonder – heeft de basisbehoefte erbij te horen, aanvaard en gerespecteerd te worden.

De derde vorm van faalangst is de *motorische faalangst*. Die heeft te maken met alles waar we onze spieren bij gebruiken en waarbij we bewegen. Denk hierbij aan het over de bok springen of in het wandrek klimmen bij gymnastiek, aan het werken met machines bij techniek of aan het maken van een tekening of een werkstuk bij handenarbeid.

Binnen de genoemde drie vormen kan dan nog onderscheid worden gemaakt in actieve en passieve faalangst/examenvrees. Daarbij gaat het om de manier waarop een jongere die last heeft van faalangst/examenvrees hiermee omgaat.

Actieve faalangstigen werken zich drie slagen in de rondte, ze zijn alleen maar met hun studie bezig en hebben vaak geen tijd voor ontspanning, hobby's en andere dingen. Zij werken voor een zo hoog mogelijk resultaat, vaak ten koste van alles. Ze zijn meestal met hun werk verweven omdat ze veel, zo niet alle feiten willen kennen en onthouden. Ze gaan in hoge mate af op hun geheugen. Hun ouders zijn vaak erg blij omdat ze het kind niet achter de broek hoeven te zitten, hij werkt immers volledig uit zichzelf en nog hard ook. Doorgaans denken we bij faalangst aan deze jongeren, harde werkers, maar ook vaak stil en teruggetrokken en regelmatig om bevestiging vragend of ze het wel goed doen.

Er is nog een ander type, namelijk de *passief faalangstige*. Jongeren met dit type worden niet zo vaak herkend als faalangstig maar vooral als lastig en tegendraads. Passief faalangstigen hebben de moed veelal opgegeven. Ze hebben ervaren dat hun inspanning meestal nergens toe leidt. Zij besteden hun tijd aan grensoverschrijdend en agressief gedrag naar anderen, de school, ouders en soms ook zichzelf. Denk hierbij aan spijbelen, vaak te laat komen, kletsen en niet opletten in de klas, in de les altijd de clown uithangen of vaak een grote mond geven om de klas uitgestuurd te worden en dit dan weer aan te vechten. Denk verder aan regelmatig ziekmelden, huiswerk niet maken, niet leren voor toetsen, spieken en dergelijke.

1.3 Waar komt faalangst/examenvrees vandaan en hoe denken faalangstige kinderen?

Niet alleen de huidige maatschappij stelt steeds hogere eisen aan mensen, ook de media doen een duit in het zakje als het gaat om idealen. En wat te denken van de sport waarin steeds meer wordt verlangd en verwacht. Dit alles kan ervoor zorgen dat er gevoelens van spanning en niet-helpende gedachten bij het kind opkomen om maar aan die verwachtingen en idealen te kunnen voldoen. Ook het gezin, de cultuur, de omgeving verwachten dingen. Vaak moet een kind waarmaken wat zijn ouders niet hebben kunnen waarmaken of moet hij net zo goed of juist beter presteren dan zijn ouders. Het kan ook zijn dat er binnen zijn cultuur alleen maar plek is voor winnaars. Dat zorgt ervoor dat de lat erg hoog ligt, wat spanning en stress kan veroorzaken. Als er binnen het gezin en op school een basisveiligheid is ('het is goed zoals je bent en wat je doet'), zal een kind uitgroeien tot een volwassene met zelfvertrouwen die verantwoordelijkheid kan nemen en dragen. Een onveilige leef- en/of werkomgeving is een voedingsbodem voor het ontwikkelen van angst, spanning en stress, met alle gevolgen van dien.

Veel kinderen die last hebben van faalangst/examenvrees hebben een negatief zelfbeeld, een lage zelfvalidatie en ze hebben vaak allerlei lichamelijke klachten, zoals hoofdpijn, buikpijn, zweten en hartkloppingen. Ze denken meestal dat ze de enigen zijn. Erkenning van een ouder, leraar, klasgenoot of een groepstraining met lotgenoten kan hun al lucht geven. Verder zien zij zichzelf dikwijls als hoofdpersoon in hun eigen rampenfilm. Het zijn meestal 'tunneldenkers', dat wil zeggen dat ze bijvoorbeeld alleen nog maar aan hun studie denken, er is geen ruimte voor andere dingen zoals hobby's en uitgaan.
Nog een gedachte van kinderen die last hebben van faalangst, is dat een goed resultaat niet aan hen ligt: 'Ik heb geluk gehad'; 'iedereen had een voldoende'; 'de toets was gemakkelijk'; 'ze vroegen precies wat ik wist.' Bij een slecht resultaat bevestigt dit hun negatieve zelfbeeld: 'Zie je wel, ik kan het niet.'
Ook proberen ze mislukkingen te voorkomen door niet deel te nemen aan een test, sport, toneelgroep, muziekles. Op die manier vermijden ze dat ze worden beoordeeld. Soms zijn ze op een zodanig opzichtige manier aan het spieken dat ze wel gepakt moeten worden. In een gesprek met zo'n jongere vertelde hij: 'Ik heb liever een één voor spieken dan een vier voor mijn werk, dan ben ik beoordeeld.' Deze uitspraak gaf mij een kijkje in het denken en voelen van jongeren die last hebben van faalangst. Het maakte mij duidelijk dat *de faalangstige niet bestaat*, dat faalangst allerlei uitingsvormen heeft.

Menselijk gedrag vindt zijn oorsprong in het vervullen van een aantal basisbehoeften. Als het gaat om het vergroten van het zelfvertrouwen spelen de behoefte aan autonomie, relatie en competentie een belangrijke rol. Centraal hierbij staan de vragen die te maken hebben met *identiteit* (wie ben ik?) en *competentie* (wat kan ik?). Maar deze vragen kunnen nooit afdoende worden beantwoord als daar de begrippen *autonomie* (mag ik zijn wie ik ben, heb ik invloed op mijzelf en op anderen?) en *relaties* (wat vind ik van anderen en wat vinden anderen van mij, ben ik waardevol en is een ander waardevol voor mij?) niet bij betrokken worden.

Met dit in mijn achterhoofd en de ideeën van professor Luc Stevens, heb ik de 'Barkruk van het zelfvertrouwen' ontwikkeld. Deze barkruk heeft drie poten (*autonomie, relatie en competentie*) en alleen als je deze drie poten regelmatig onderhoudt en controleert, kun je erop gaan zitten. Wat betekent dit in de praktijk? Het is mijn overtuiging dat een kind dat regelmatig (het liefst elke week en nog liever elke dag) terugkrijgt dat hij ertoe doet (de poot van *relatie*), dat hij iets kan (de poot van *competentie*) en dat hij invloed heeft (de poot van *autonomie*), zal uitgroeien tot een betekenisvolle volwassene. Zijn zelfvertrouwen zal toenemen, waarmee zijn onzekerheid minder zal worden.

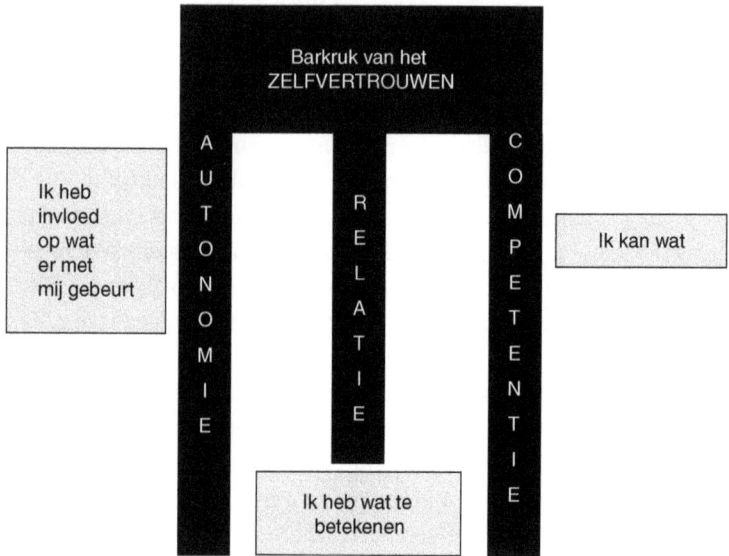

Figuur 1.1 Barkruk van het zelfvertrouwen.

Een andere prettige bijkomstigheid als het zelfvertrouwen van het kind wordt vergroot, is dat hoogstwaarschijnlijk zijn eventuele grensoverschrijdende gedrag zal verminderen. Uit eigen onderzoek onder honderden jongeren blijkt dat veel jongeren agressief en grensoverschrijdend gedrag vertonen om hun onzekerheid en angst te verbergen. Achter weerstand (bijvoorbeeld in de vorm van grensoverschrijdend gedrag, agressie) zit volgens mij angst, een kwetsbaarheid of een verlangen/behoefte. Als ouders vanaf nu hun kind nog meer erkenning in de vorm van positieve feedback geven op wat hij is en wat hij doet, dan is die weerstand, in welke vorm dan ook, niet meer nodig.

2 Training of therapie/hulpverlening?

Bewustwording is de sleutel naar verandering

Manon is een meisje van 13 dat niet erg opvalt in de klas, de gang en in de kantine. Je ziet haar bijna nooit met vriendinnen praten. In de klas zit ze vaak alleen. Tijdens pauzes en tussenuren is ze vaak in het open leercentrum (OLC) te vinden waar ze haar huiswerk maakt of voor toetsen aan het studeren is. Werkstukken maakt ze meestal alleen als ze daar de kans voor krijgt. 'Dat gaat sneller en beter', zegt ze.
Ze haalt redelijk goede cijfers, maar is erg gespannen bij prestaties en toetsen. Ze wordt regelmatig door haar moeder ziek gemeld. Het viel de mentor op dat dit vaak op dagen is dat ze een toets had. In een gesprek met haar mentor vertelt Manon dat ze slecht slaapt en veel last heeft van spanning en stress.
Tijdens de leerlingbespreking deelt de mentor zijn zorgen over Manon met zijn collega's. Hij stelt voor om de schoolpsycholoog in te schakelen. Bij het intakegesprek met de psycholoog blijkt dat Manon in haar vrije tijd voor haar zieke moeder zorgt. Zij zorgt er in haar eentje voor dat thuis alles goed verloopt, dat haar jongere broertje op tijd opstaat en naar school gaat, dat de boodschappen worden gedaan en eten wordt gekookt. Verder is ze een luisterend oor voor de problemen van vader en biedt ze hem een schouder om op uit te huilen. Voor dit zorgen krijgt ze niet of nauwelijks erkenning. De enige keren dat haar vader wat zegt, is als er te weinig zout in de aardappels zit of als ze vergeten is de vuilcontainer buiten te zetten. De psycholoog besluit een gesprek met de ouders van Manon te hebben. Hij wil onderzoeken of het vaak ziek melden en dikwijls last hebben van spanning en stress samenhangt met een negatief zelfbeeld en het hebben van weinig zelfvertrouwen.

Spanning en stress kunnen heel bepalend zijn voor het leven van een kind. Het is daarom goed deze problemen serieus te nemen en aan te pakken, ook al omdat ze op hun beurt weer kunnen leiden tot andere problemen. Het doel van alle behandelingen is het aanwezige zelfvertrouwen te vergroten en hierdoor de eigen grond te vergroten, zodat de spanning en stress zullen afnemen. Waar het om gaat is de kinderen te leren omgaan met hun faalangst/examenvrees door o.a. hun zelfvertrouwen te vergroten.

Om de diagnose van slecht omgaan met faalangst/examenvrees te kunnen stellen, is onderzoek nodig. Hiervoor zijn signaleren en reflectie erg belangrijk. Met behulp van deze informatie kan worden vastgesteld of er werkelijk sprake is van overmatig veel last van faalangst/examenvrees en op welk vlak het kind het meest geholpen is met begeleiding. Zo hebben sommigen het meest aan hulp op het emotionele vlak. Zij leren bijvoorbeeld om minder bang te zijn. Anderen hebben meer aan hulp op het cognitieve vlak. Zij leren ook dat zij anders kunnen reageren in een bepaalde situatie. Weer anderen hebben het meeste baat bij motorische begeleiding.

2.1 Training: angst als toestand (veel spanning en stress als je moet presteren)

Zoals in het vorige hoofdstuk is vermeld, is angst te verdelen in twee vormen. Angst als levenstrek en angst als toestand, ook wel faalangst genoemd. Een kind met angst als toestand is meestal gebaat bij een (groeps)training door een faalangsttrainer.
Begeleidingsmogelijkheden van jongeren met angst als toestand (faalangst/examenvrees):

1. Omgaan met spanning en stress wordt aangeleerd door middel van *modeling*.
   Het kind observeert mensen uit zijn omgeving c.q. context die goed met spanning en stress omgaan en bespreekt dit met zijn begeleider/hulpverlener/coach/trainer. Deze methode is zeer geschikt om nieuwe vaardigheden aan te leren. Het denken van het kind wordt als het ware veranderd. Om deze methode te kunnen toepassen, moet het kind gemotiveerd zijn.
2. Omgaan met spanning en stress wordt aangeleerd via een faalangst/examenvreestraining.
   In deze training komen de verschillende vormen van faalangst/examenvrees (cognitieve, sociale en motorische faalangst) aan bod, gecombineerd met rollenspellen en oefeningen. Deze training vindt vaak in groepsverband plaats. Het kind doet dan tevens

positieve ervaringen op in de groep en krijgt hierdoor meer zelfvertrouwen.

Met behulp van de oefeningen in hoofdstuk 5 kunnen ouders hun kind ook individueel begeleiden en de helpende hand bieden. Natuurlijk kan het kind zelf ook gebruikmaken van de oefeningen in hoofdstuk 7.

2.2 Therapie: angst als (levens)trek (meer dan alleen spanning als je moet presteren)

Een kind heeft angst als levenstrek als er op meerdere momenten sprake is van spanning en stress dan alleen bij presteren. Verder gaat dit vaak gepaard met extreem veel spanning, stress en angst. Je spreekt dan van een fobie of fobieën. Deze kinderen zullen geen baat hebben bij een groepstraining. Sterker nog, het zou zelfs schadelijk voor hen kunnen zijn. Dus baat het niet, het schaadt wel! Ook is het voor de groep veelal schadelijk als een van de deelnemers angst als levenstrek heeft. Kinderen met angst als levenstrek verdienen een 'therapeutische' benadering door een schoolmaatschappelijk werker, psycholoog, orthopedagoog of (psycho)therapeut.
Uitgangspunt hierbij is dat het leren omgaan met spanning en stress te maken heeft met de verwerving van kennis, inzicht, vaardigheden en houdingen met betrekking tot datgene wat zich binnen henzelf, binnen anderen en tussen anderen onderling afspeelt. Het is immers duidelijk dat innerlijke oorzaken hierbij een belangrijke rol spelen. Zowel Hermans als Deley zegt dat dit innerlijke proces verbonden is met twee zijden van de persoonlijkheid: een zijde die gericht is op het ik en een die gericht is op de ander en het andere. Vanuit dit perspectief zijn er twee motieven op grond waarvan mensen handelen: het Z(zelf)-motief en het A(ander en het andere)-motief.
Het Z-motief is de drijfveer voor het ontwikkelen van het eigen ik en van de eigen mogelijkheden en kwaliteiten. Hermans spreekt hier over gevoelens van eigenwaarde, trots, kracht en zelfverzekerdheid. Het A-motief is de drijfveer voor het ontwikkelen van een goede verstandhouding met anderen en het andere. Leidraad hierbij zijn gevoelens als tederheid, liefde, zorgzaamheid en intimiteit. Volgens Hermans moeten beide motieven evenredig ontwikkeld worden, wil men kunnen spreken van een harmonische ontwikkeling.

Nathalie is een meisje dat vaak tijdens toetsen en presentaties erg veel zweet en buikpijn heeft. Als haar in een gesprek met

> haar begeleider de vraag wordt voorgelegd om aan een faalangsttraining mee te doen, is haar eerste, heftige reactie: 'Dat zou mooi zijn!' In het vervolg van het gesprek blijkt dat zij deze lichamelijke reacties en nog meer ook heeft als ze met de lift naar de tweede verdieping gaat en als ze van school naar huis fietst. Voor Nathalie zou een groepstraining meer schade opleveren dan rust en ontspanning, omdat ze dan te veel met haar angsten wordt geconfronteerd.

2.3 Geen training of therapie als ...

Het spreekt voor zich dat als een kind niet of te weinig geleerd of gewerkt heeft, hij spanning en stress ervaart voor en/of tijdens een toets, presentatie of spreekbeurt. Hebt u als ouder het idee dat dit het geval is bij uw kind, dan is de enig juiste handeling dit te checken. En als blijkt dat klopt wat u denkt, dan is de volgende handeling uw kind op de hoogte te brengen dat het logisch is dat hij spanning, stress e.d. heeft en dat deze zullen verdwijnen als hij (beter) zijn werk gaat doen.

3 Faalangst/examenvrees van (t)huis uit

Wacht niet tot morgen om de mensen die je liefhebt, te zeggen dat je ze graag ziet

Tijdens een ouderavond rond het thema faalangst lopen nogal wat ouders vaak met een schuldgevoel rond. In hun hoofd zweven dan gedachten als: wij zullen het wel verkeerd gedaan hebben in de opvoeding van ons kind. Of: wat gaat de school doen? Of: hoe komt het toch dat mijn kind op school zo veel problemen heeft, terwijl het thuis prima gaat? Of: is mijn kind de enige die hier last van heeft en daardoor met tegenzin naar school gaat?

> Lotte (nu 25 jaar) vertelt haar vriend over de context tijdens haar jeugd het volgende.
> Mijn moeder is altijd erg veeleisend en bezorgd om mij. Als ik iets wilde gaan doen, vertelde ze me altijd eerst waar ik vooral op moest letten en wat er allemaal fout kon gaan, en hoe ik alles het beste kon aanpakken. Als ik op schoolreis ging, had ik altijd het meeste bij me. Zodat ik op alles voorbereid was.
> Tijdens de maaltijden thuis werd er vaak alleen gesproken over de successen die mijn ouders die dag hadden gehad. Succesvol zijn en geen fouten maken is mij met de paplepel ingegoten. Toen ik laatst samen met jou mijn rugzak aan het inpakken was voor onze treinvakantie door Europa, betrapte ik mij erop dat ik me afvroeg wat mijn moeder nu zou inpakken. Dat zorgde ervoor dat ik de hele vakantie met een, voor mij, te zware rugzak heb gelopen, waardoor ik vaak last van mijn rug en schouders had. Wat ervoor heeft gezorgd dat ik minder van de omgeving en van jou heb kunnen genieten. Ik dacht nog: wanneer leer ik nu eens op eigen benen te staan en ervoor te zorgen dat ik zelf keuzes kan en mag maken?

3.1 Context en loyaliteit

Denken dat faalangst/examenvrees aan de school ligt, is net zo fout als denken dat het aan de ouders ligt. Hiermee wordt zowel de school als de ouders onrecht aangedaan en de kans is groot dat beide ergens, meestal bij onschuldige derden, hun gram gaan halen. Hier schiet niemand iets mee op. Als het aan de school zou liggen, hadden alle leerlingen op de school hier last van. En als het alleen aan de ouders ligt, waarom heeft dan niet ieder kind uit het gezin er last van? Natuurlijk spelen de school en ouders een belangrijke rol in de ontwikkeling van het kind, maar door een van beide de schuld te geven, los je het probleem niet op. De persoonlijkheid van een kind wordt immers bepaald door allerlei factoren, zoals aanleg, omgevingsfactoren, ouders, gezin, school, buurt en vrienden.

Dergelijke factoren hebben we nauwelijks in de hand en dus kan er geen sprake zijn van 'schuld'. Het is dan ook beter te spreken van *omgevingsfactoren die voor het slecht omgaan met faalangst/examenvrees en daaraan gekoppeld spanning en stress kunnen zorgen.*

Het enige waar een kind niet voor kan kiezen is de band met zijn ouders en andere familieleden. De Amerikaanse kinderpsycholoog Nagy (spreek uit 'notsj') noemt de verbinding tussen (groot)ouders en kinderen een 'verticale loyaliteit'. Dat wil zeggen dat er een opeenvolging is van generaties. Daarnaast bestaat er ook een 'horizontale loyaliteit', dat is de verbinding met alle andere mensen, bijvoorbeeld vrienden, kennissen, collega's en je partner. In deze door loyaliteit gekenmerkte relaties is er sprake van een voortdurend wederzijds geven en ontvangen. Het is een voorwaarde voor alle verbindingen, maar in het bijzonder voor de verticale loyaliteit, te kunnen geven en te kunnen ontvangen. Een kind vindt het heerlijk om te ontvangen en groeit als het kan geven.

Ouders die van hun kind kunnen ontvangen, laten daarmee zien wat hun kind voor hen betekent. Dit geven en ontvangen moet wel in evenwicht zijn. Dat is doorgaans wel het geval maar soms kan de balans naar een kant doorslaan. Als kinderen te veel worden verwend, kan dat verstikkend werken, doordat ze alleen maar steeds moeten ontvangen en nooit eens kunnen of mogen geven. Het kan ook zo zijn dat kinderen juist heel veel moeten geven. Ook in dat geval is de balans zoek.

Als kinderen om aandacht en/of (h)erkenning schreeuwen of zich in sommige sociale situaties geen raad weten, kan dat allerlei oorzaken hebben. Het is niet zo interessant om te kijken wie er schuldig is en hem dan schuldig te maken. Veel belangrijker is het om het kind hulp te bieden. Natuurlijk moeten het kind en zijn ouders er wel van overtuigd zijn dat ze het anders willen doen en dat ze allebei kunnen en mogen veranderen. Ouder en kind moeten de faalangst/examenvrees herkennen en erkennen, en bereid zijn hier samen, eventueel met hulp van derden, aan te gaan werken.

Het begrip loyaliteit

Loyaliteit betekent dat je trouw bent aan iets of iemand, je neemt het op voor iedereen met wie je een loyaliteitsband hebt. Als iemand roddelt over je vriend, je voetbalclub of straat, voel je de neiging daar tegenin te gaan. Hoe groter je verbondenheid met een groep is, des te sterker zal je reactie zijn. Mensen die loyaal zijn worden gewaardeerd. Loyaal zijn zolang dat verantwoord is, is fair, een kwestie van billijkheid, van ethiek. Hoe meer mensen voor elkaar betekenen, of anders gezegd, hoe groter hun wederzijdse 'verdiensten' zijn, des te sterker en verplichtender hun loyaliteit is. De band van een ouder met de korfbaltrainer van zijn zoon is sterker dan die met de korfbaltrainer van een ander team.

Het kind heeft zijn bestaan te danken aan zijn ouders en is dus loyaal aan die ouders. Door als ouders een kind op deze wereld te zetten ben je verantwoordelijk voor dit kind. Dit alles betekent voor het kind een loyaliteit met zijn ouders, het gezinssysteem en de rest van de context. De bijzondere band tussen ouders en kinderen wordt ook wel 'zijnsloyaliteit' of 'existentiële loyaliteit' genoemd. Deze loyaliteit is niet een gekozen loyaliteit, maar is gebaseerd op een gemeenschappelijke oorsprong en een gemeenschappelijke erfenis van gezins- en familieleden door de generaties heen. Deze 'zijnsloyaliteit' met ouders is van een andere orde dan de (horizontale) loyaliteit met alle andere mensen. De verbinding tussen ouder en kind is een bijzondere verbinding en hij blijft altijd bestaan, tot over de grenzen van de dood heen, of ze dat nu willen of niet. Je kunt niet zeggen: je bent mijn ex-vader of ex-dochter. Je kunt wel besluiten je ouders of je kind niet meer te zien en/of te spreken, en mensen die dit hebben besloten weten hoeveel pijn dit kost. Kinderen zullen dus altijd de boodschappen uit het gezin van herkomst oppakken en uitvoeren. Overigens kan de vorm waarin ze de boodschap uitvoeren, wel verschillen.

> De mentor van Marcel (16 jaar) heeft aan de examenvreestrainer gevraagd of hij een gesprek wil voeren met Marcel omdat hij zich ernstig zorgen maakt over zijn lage cijfers, ofschoon hij hem altijd hard ziet werken en Marcel in de les goed oplet.

Verder heeft Marcel vaak buik- en hoofdpijn op de dag van een toets en blijft dan thuis.

Tijdens het gesprek met de examenvreestrainer vertelt Marcel dat hij veel verdriet heeft en erg boos is omdat zijn ouders gaan scheiden. Hij vertelt verder dat zijn moeder vaak erg verdrietig is als vader dronken thuiskomt en zich agressief gedraagt tegen haar en de kinderen. Ze kan hier niet meer tegen en ze gaat er bijna aan onderdoor. Vader is 45 en sinds een halfjaar werkloos. Overdag is hij vaak op pad met een paar vrienden met wie hij dan in de kroeg gaat kaarten om geld. Als de trainer Marcel vraagt naar zijn resultaten en zijn afwezigheid tijdens toetsen, begint hij te huilen. Hij vertelt dat hij door zijn vader erg wordt gepusht om een zo hoog mogelijke opleiding te behalen zodat hij niet hoeft te ervaren wat zijn vader nu meemaakt. Als hij weer een slecht cijfer haalt of vanwege zijn buik- en hoofdpijn thuisblijft, zegt zijn vader: 'Je moet ook beter je best doen, je kijkt veel te veel tv en je zit veel te lang achter de computer; je moeder heeft een mietje van je gemaakt door je telkens maar weer ziek te melden. Dat was bij mij vroeger wel anders; van mijn moeder moest ik naar school en als het echt niet ging mocht ik naar huis komen.' Verder vertelt Marcel dat zijn vader wil dat hij na de scheiding bij hem gaat wonen, omdat moeder niet goed voor hem zorgt. Alleen de gedachte al, dat zijn moeder alleen met zijn broertjes gaat wonen, maakt hem gespannen en bezorgt hem hoofdpijn. Marcel wil graag bij zijn moeder blijven wonen en alleen de weekenden eventueel bij vader logeren. Voor vader is dit niet bespreekbaar, moeder is de schuld van alle ellende en hij wil niet dat zijn zoon hier nog langer last van heeft. Hij zal, zodra hij niet meer dagelijks in contact met zijn moeder is, weer een echte vent van hem maken.

Loyaliteit kan ook negatief uitpakken. Dat zie je bijvoorbeeld als het kind zijn problemen (bijvoorbeeld faalangst) gaat inzetten om zijn ouders weer bij elkaar te krijgen. De ouders moeten er dan samen energie in stoppen om het kind weer op de rails te krijgen. De loyaliteit van een kind kan zover gaan dat hij de nadelen op de koop toe neemt; dat het kind uit loyaliteit last heeft van zijn faalangst omdat een van zijn ouders daar tot de dag van vandaag last van heeft en dit regelmatig met het kind bespreekt. Ook kan het kind uit loyaliteit juist niet aan een training deelnemen omdat hij daar leert omgaan met zijn faalangst, terwijl bijvoorbeeld zijn vader er bij het voorzitten van elke vergadering met zijn collega's nog last van heeft. Sterker nog, loyaliteit zorgt ervoor dat het kind bij het maken van keuzen altijd de stem van zijn ouders volgt. Kinderen denken vaak dat de ouders tekortgeschoten zijn in de opvoeding en door niet aan een training mee te doen, hoeven ze dat niet te erkennen. Voor ouders die in hun jeugd bepaalde negatieve ideeën hebben meegekregen, werkt die verstoring door in hun ouderschap. Zij pakken op hun beurt de boodschappen van hun ouders op. Ook zij zijn loyaal aan hun ouders. Zelfs als je als ouder in de opvoeding van je kind totaal het tegengestelde doet van wat jouw ouders bij jou deden ben je loyaal aan je ouders.

Nagy (de grondlegger van het contextuele gedachtegoed) zegt hierover het volgende. Als ouders de gehele, of stukken van de opvoeding totaal tegengesteld doen aan hoe zij zelf zijn opgevoed, zijn ze superloyaal. Als het hierdoor namelijk slecht met hun kinderen gaat, kunnen zij zichzelf hier de schuld van geven en niet hun ouders. Het is namelijk niet te verteren dat je moet zeggen/denken dat je slechte ouders hebt.

Ouders klagen dat de rol die zij spelen vaak wordt onderschat. Met dit in het achterhoofd kunnen ouders kijken hoe zij hun kind kunnen helpen. Ouders zijn betrokken bij het ontstaan en de aanpak van faalangst/examenvrees. Ook zij lijden onder het probleem van hun kind, ook zij hebben hier vaak last van. De band tussen ouders en kind is zo sterk dat ouders expliciet aan hun kind de boodschap moeten geven dat het mag veranderen. *'Zoals wij omgaan met faalangst is niet altijd handig. Wij willen of kunnen niet anders, maar jij mag het anders doen.'*

Dit moet een kind eerst horen of zien alvorens hij mag/kan veranderen. Vanwege mogelijke loyaliteitsconflicten is het verstandig wanneer ouders bij een eventuele faalangst/examenvreestraining betrokken zijn, anders is de training gedoemd te mislukken. Het meedoen van de ouders kan de motivatie van het kind verhogen, doordat het kind dat ervaart als 'toestemming om te veranderen'. In zekere zin mag het kind dan 'deloyaal' worden met zijn ouders. Voor ouders is het belangrijk dat ze ten opzichte van de eventuele begeleider(s) van hun kind 'meerzijdig partijdig' zijn. Dit is geen vaardigheid maar een attitude of grondhouding. Je bent *voor* de een (bijvoorbeeld je kind) maar niet *tegen* de ander (bijvoorbeeld de school). Dat is niet hetzelfde als neutraal zijn. De ouders gaan samen met de begeleider en hun kind op zoek naar oplossingen, waarbij zij proberen alle belangen te behartigen, ook die van de afwezigen. Laat iedereen in zijn waarde. Het is aan niemand om voorkeur of afkeer uit te spreken over iemand. Indien ouders niet meerzijdig partijdig kunnen zijn, heeft dit grote invloed op de ontwikkeling en het veranderingsproces van het kind.

3.2 Balans tussen geven en ontvangen

> De moeder van Stefan werd als kind erg verwend, zij moest veel ontvangen. Haar ouders hadden een goedlopend bedrijf en beschikten over een onuitputtelijke hoeveelheid energie. Een paar van de boodschappen die zij Stefan als kind heeft meegegeven zijn: 'doe je (uiterste)best', 'niet lullen maar poetsen', en 'wees sterk'. Dit verwacht zij ook van haar kinderen en zij verwent haar kinderen ook. Twee van de drie kinderen gaan hier goed mee om maar voor Stefan, de jongste, werkt dit verstikkend. Hij reageert erop door veel te spijbelen en te spieken en houdt zich niet aan afspraken. Hierdoor moet hij vaak nablijven en haalt hij slechte cijfers.

Het hele leven van ouders en kinderen staat in het teken van wederzijds geven en ontvangen. Een kind vindt het fantastisch om te ontvangen en groeit door te kunnen geven. Door van hun kind te ontvangen, laten ouders aan hun kind zien wat hij voor hen betekent en daardoor stijgt de eigenwaarde, het zelfvertrouwen en de zelfafbakening van het kind. In de relatie tussen ouder en kind bestaat doorgaans een evenwicht. Een verstoring in de balans heeft meestal voor beide kanten gevolgen. Kinderen die veel moeten ontvangen (bijvoorbeeld doordat ze erg verwend worden) raken verstikt, waardoor hun eigenwaarde, zelfvertrouwen en de zelfafbakening vaak in het gedrang komen. Dit alles is een voedingsbodem voor faalangst/examenvrees. Dit alles kan evenwel ook gebeuren bij kinderen die juist veel (moeten) geven in de relatie met hun ouders en die daar geen erkenning voor krijgen: 'geëxploiteerde kinderen'.
Als het geven van een kind niet wordt 'gezien', kan hij het gevoel krijgen dat hij er niet toe doet, dat hij niet de moeite waard is. Hierdoor ontstaat een gebrek aan zelfwaardering en/of zelfafbakening waardoor het kind slecht voor zichzelf opkomt. Volgens *Van Dale* is symbiose ' een relatie of samenleven van twee organismen met wederzijds voordeel'. Als het kind groeit in het lichaam van de moeder, heeft hij met zijn moeder een sterk symbiotische relatie, die veelal de eerste maanden na de geboorte blijft bestaan. Moeder en kind hebben in deze periode vaak dezelfde emoties. Moeder weet wan-

neer het kind huilt, ook al hoort ze hem niet en het kind ervaart de (on)rust van zijn moeder. Deze symbiotische relatie is voor een kind van groot belang om zich later aan anderen te kunnen hechten. Het kind neemt het vertrouwen dat is opgebouwd met de moeder mee in relaties met anderen, bijvoorbeeld de vader. Het kind moet vervolgens langzaam loskomen van de ouder om verder te groeien tot volwassene. Als kinderen te vroeg worden losgelaten of te lang worden vastgehouden, kunnen zij problemen krijgen in hun ontwikkeling naar zelfstandigheid. Sommige ouders hebben moeite hun kind los te laten, vaak omdat ze in hun eigen jeugd te vroeg zijn losgelaten of te lang zijn vastgehouden en uit loyaliteit hun kind ook niet los kunnen laten. Voor ouders die zelf moeite hebben om zelfstandig in het leven te staan of die het leven niet nemen zoals het is en er niet van kunnen genieten, wordt het kind vaak de zin van hun bestaan. Ook komt het voor dat ouders die bij hun partner niet de intimiteit ervaren die ze graag zouden hebben, die bij hun kind gaan zoeken. Dan krijgt het kind van zijn ouder(s) de boodschap: 'Jij bent een belangrijk onderdeel in mijn leven, blijf altijd dicht bij mij.' Ook heel jonge kinderen ervaren deze boodschap soms, ondanks dat die bijna nooit naar hen gecommuniceerd is. Deze ongezonde compensatie kan in de ontwikkeling voor ouder en kind blokkerend werken. Er zijn ook ouders die zulke goede opvoeders willen zijn, dat zij hun hele leven op het kind richten, waardoor het kind een groot risico loopt in onbalans te komen, een onbalans tussen geven en ontvangen. Kinderen die te veel krijgen, hebben vaak moeite hun grenzen te bepalen en passen zich daardoor sterk aan een ander aan, waarbij hun eigen mening of ervaring er niet toe doet.

Hierdoor loopt hun zelfvalidatie (zie paragraaf 3.7 voor uitleg) een nog grotere deuk op waardoor zij in een vicieuze cirkel terechtkomen. Er ontstaat een onvermogen tot het groeien naar zelfstandigheid. Anderen moeten het vaak voor deze kinderen opknappen en bovendien zijn ze erg afhankelijk van de goedkeuring van anderen. Als ouders in hun jeugd zelf ervaringen hebben opgedaan die hebben geleid tot een onbalans, kan dat doorwerken in de opvoeding naar hun eigen kind. Dit alles heeft invloed op de ontwikkeling en het gedrag van een kind. Een gevoel van minder- of meerderwaardigheid levert spanningen op. Mensen gaan op verschillende manieren met spanning om.

In haar boek *Kinderen met gedragsproblemen* introduceert Martine Delfos een angstmodel dat dit gedrag verduidelijkt. Als iemand onrecht wordt aangedaan of overkomt, of bij gevaar, angst of spanning, worden door het lichaam stresshormonen aangemaakt als gevolg van gedachten. Op dit stresshormoon reageert hij met gedrag.

Dat kan ook bestaan uit niet of nauwelijks reageren (niet handelen). Als iemand regelmatig niet handelt als hem onrecht wordt aangedaan of onrecht overkomt, is dit destructief voor hemzelf. Dergelijk gedrag kan leiden tot somberheid en zelfs tot een depressie. Een andere mogelijkheid om te reageren op het stresshormoon is met handelend gedrag, agressie. Depressie wordt ook wel omschreven als 'ingeslikte agressie': je wilt reageren maar doet of kunt het niet. Agressie heeft een destructieve kant en ook een, vaak vergeten, constructieve kant.

- De *destructieve* kant uit zich in destructief gedrag richting, vaak onschuldige, anderen, bijvoorbeeld pesten, criminaliteit, spijbelen, vandalisme, schelden en vloeken.
- De *constructieve* kant uit zich in assertief gedrag, voor jezelf opkomen, je grenzen aangeven.

Mensen die zich hiervan bewust zijn, kunnen ervoor kiezen of ze met dit gedrag door willen blijven gaan, of dat ze willen veranderen. Vervolgens kunnen ze uitmaken of ze dit alleen kunnen of dat ze hier hulp bij nodig hebben.

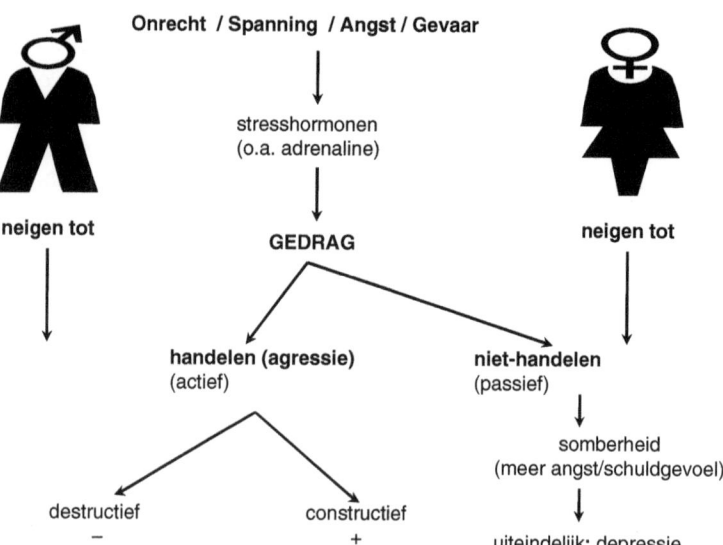

Figuur 3.1 *Angstmodel naar Martine Delfos (2000), verder uitgewerkt door Herberd Prinsen.*

3.3 Reflectie op eigen functioneren

> Tijdens het gesprek van Fatima met haar faalangsttrainer ontstaat veel onduidelijkheid en er is sprake van wrijving. 'Waarom doe je niet gemotiveerd mee?' vraagt de trainer aan Fatima. 'Nou, daarom,' is het antwoord. 'Ik ben nog steeds erg zenuwachtig, tot nu toe helpt mij niks.'
> 'Ligt dat ook niet een beetje aan jou?' is de wedervraag. 'Nee, natuurlijk niet. Jullie weten gewoon niet hoe het moet. Mijn vader heeft mij verteld dat hij ook nog steeds last heeft van spanning en stress, ondanks al zijn gesprekken met een psycholoog.'
> 'Nou, dan weet ik het ook niet meer, misschien moet je er dan maar mee stoppen.'
> 'Ach, zo erg is het nu ook weer niet, misschien pak ik toch nog iets op,' zegt Fatima.

Als mensen weet hebben van de hiervoor genoemde destructieve en constructieve kanten van hun gedrag, wat dan? Hoe kunnen zij hiermee verder? Hoe kunnen ze bereiken dat hun gedrag, hun handelen zodanig verandert dat het leidt tot een evenwicht in het dagelijks functioneren? Het is moeilijk om tot veranderingen in gedrag te komen. Het is moeilijk als de context van hun bestaan en het omgaan met loyaliteit hen hebben gebracht waar ze nu zijn. Als de vrees voor verandering is geworteld in het gezin van herkomst en in de loyaliteitsbanden tussen ouders en kinderen, dan hebben de kinderen geleerd om in een groep te leven met eigen regels of ze hebben geleerd uitsluitend voor zichzelf op te komen.

Veranderen begint met bewustwording. Wie zich niet bewust is in welke situatie hij leeft, zich niet bewust is van het feit dat hij hier zelf invloed op kan uitoefenen, zal alle pogingen tot gedragsverandering ervaren als iets dat van buitenaf wordt opgelegd. De intrinsieke motivatie tot verandering zal dan niet aanwezig zijn en alle pogingen tot hulp zullen moeizaam verlopen en de kans op succes is gering. Het leren in balans brengen van het eigen sociaal functioneren zal dus moeten beginnen met een fase van bewustwording.

Deze bewustwording dient direct gekoppeld te zijn aan het ervaren van wat veranderingen voor hemzelf en anderen kunnen betekenen. Naast bewustwording is daar durf voor nodig. Wie jarenlang het gevoel heeft gehad dat andere mensen (zelfs mensen die je zeer na staan) niet te vertrouwen zijn, neemt dit gevoel mee in zijn leven, en dan wordt het moeilijk om juist op dit punt te veranderen. Voor deze bewustwording zijn zaken als ervaren en nadenken over dit ervaren van cruciaal belang. Het ervaren vertaalt zich in het doen: in het leren omgaan met spanning en stress op een andere manier dan tot nu toe. Het nadenken hierover dient een reflectief karakter te hebben. Reflectie wordt hier omschreven als nadenken over, overwegen van het handelen om te komen tot mogelijkheden om dit handelen aan te passen aan de situatie.

Reflecteren is geen eenvoudige bezigheid en kan soms veel pijn veroorzaken. Dit heeft te maken met de volgende houdingen die kinderen in het formele leercircuit nogal eens hanteren. Allereerst is er de leerstijl. In veel vormen van onderwijs, maar ook in opvoedingssituaties willen kinderen dat anderen (leerkrachten/ouders) aangeven wat zij moeten doen. Dit is niet in alle leersituaties zo, maar daar waar druk van buitenaf aanwezig is, wordt deze leerstijl vaak gepraktiseerd. 'Vertel jij me maar wat ik moet doen, daar ben je leraar/ouder voor.' Een tweede gegeven is dat zij graag oplossingsgericht werken. Daar is op zich geen bezwaar tegen, maar vaak worden door gebrek aan een goede analyse problemen ogenschijnlijk of voor de korte termijn opgelost. In dat geval treedt herhaling van het oude gedrag vaak weer (te) snel op de voorgrond. Een laatste aandachtspunt is dat kinderen soms te snel genoegen nemen met een oplossing en vervolgens mogelijke alternatieven niet in ogenschouw willen of kunnen nemen. Om reflectie tot een goed functionerend 'behandelinstrument' te maken, is het zinvol een fasering aan te brengen in het proces van nadenken.

Uitgangspunt is dat reflectie altijd betrekking heeft op een in de werkelijkheid ervaren situatie. De denkfasering die hierna is beschreven, kan worden gebruikt om een situatie uit het verleden te analyseren. Een analyse die eerst een beschrijvend gedeelte bevat (fase 1 en 2), vervolgens een bewustwordingsgedeelte (fase 3) en ten slotte alternatieve handelingsmogelijkheden biedt (fase 4). Het analysemodel is cyclisch, dat wil zeggen dat na het uitvoeren van de nieuwe handelingsalternatieven (fase 5) de reflectie weer bij fase 1 kan beginnen. Om met behulp van het reflectiemodel (figuur 3.2) nadenken/reflecteren te bevorderen, wordt hierna bij elke fase een aantal vragen weergegeven.

Fase 1: gewenste situatie
De vragen zijn in de verleden tijd gesteld, omdat het hier gaat om een gebeurtenis die heeft plaatsgevonden.
- Wat had je je voorgenomen?
- Wat wilde je bereiken?

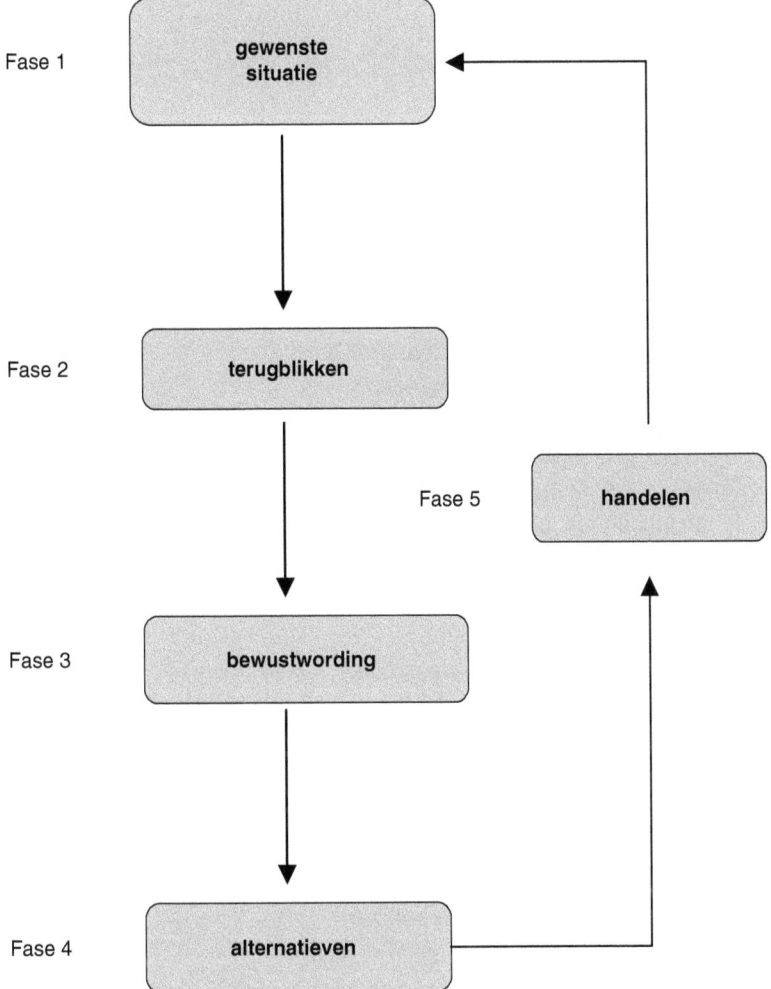

Figuur 3.2 Reflectiemodel.

- Waar wilde je speciaal op letten?
- Wat wilde je uitproberen?
- Waar zag je het meest tegenop?

Fase 2: terugblikken
Ook hier zijn de eerste vragen nog gesteld in de verleden tijd. Maar als het gaat om het ervaren van de situatie, wordt in de vragen overgeschakeld naar de tegenwoordige tijd. Eerst wordt de vraag gesteld naar de ervaringen van dat moment (verleden tijd), vervolgens naar de ervaringen van dit moment, het hier en nu (tegenwoordige tijd).
- Wat gebeurde er in werkelijkheid?

- Hoe kwam dat?
- Hoe was je aanpak?
- Wat deed je precies?
- Wat vond/vind je daarvan?
- Hoe voelde/voel je je daarbij?

Fase 3: bewustwording

In deze fase wordt het gesprek gevoerd vanuit de tegenwoordige tijd. Het gaat er nu om dat wordt geprobeerd aan te geven waar knelpunten en eventuele mogelijkheden liggen.
- Wat heeft je het meest belemmerd?
- Wat heeft je het meest geholpen?
- Wat zijn je sterke punten in die situatie?
- Wat zijn je zwakke punten in die situatie?
- Hoe heeft de omgeving je resultaten beïnvloed?
- Wat betekent dat nu, op dit moment, voor jou?
- Wat is dus vooral het probleem (of: de positieve ontdekking!)?

Fase 4: alternatieven

In deze fase wordt de omslag gemaakt van het denken over het verleden en de gevoelens uit het heden naar het mogelijke handelen in de toekomst.
- Welke mogelijkheden zie je om te veranderen?
- Tot welke besluiten leidt dit?
- Hoe reëel zijn die?
- Welke activiteiten ga je dus ondernemen?
- Hoe zorg je ervoor dat dat ook lukt?
- Wat zal je waarschijnlijk tegenwerken?
- Welke hulp heb je daarbij van anderen nodig?

Fase 5: handelen

Dit is de fase waarin betrokkene zal proberen zijn gedrag te wijzigen overeenkomstig de antwoorden van het reflectieproces. Daarna dient het model weer vanaf fase 1 doorlopen te worden. In hoeverre het reflectieproces kan worden doorlopen hangt in hoge mate af van zijn bereidwilligheid en zijn vermogen en durf om de confrontatie met zijn eigen gedrag aan te gaan. Juist bij kinderen die gebukt gaan onder sociale onhandigheden kan dit problemen opleveren. Uitgangspunt is daarom dat dit proces met deze kinderen alleen doorlopen kan worden met hulp van een ander, vertrouwd persoon. Om deze reden heeft de vraagstelling van het model de vorm van een gesprek tussen twee mensen, met als doel een dialoog te worden. Deze vorm kan ook gebruikt worden in een training of een therapeutische situatie.

3.4 Van generatie op generatie

Gedrag vindt mede een voedingsbodem in het typisch menselijke zelfbewustzijn. Dat zelfbewustzijn lijkt niet instinctief verankerd te zijn, maar ontwikkelt zich in ieder geval vanaf de geboorte in relatie tot de omgeving waarin het kind opgroeit. Het is de vraag (en het zal de vraag blijven) of een kind dat opgevoed wordt door een chimpansee ooit tot dit zelfbewustzijn komt. De discussie die op een aantal wetenschappelijke fronten wordt gevoerd wat de uiteindelijke oorsprong is van ons gedrag valt buiten het bestek van dit boek. Wel zal de invloed van ouders/grootouders op het gedrag van hun kinderen aan de orde komen en wat hiermee mogelijk is in het kader van de zorg voor sociaal onhandige kinderen. Uitgangspunt is dat gedrag (ook) geleerd kan worden en dat mensen (ouders) hierin (kunnen) sturen.

> 'Jij lijkt op je grootvader,' zei een vriend van mijn vader onlangs tegen mij.
> 'Hoezo?' vroeg ik, 'in mijn herinnering en op oude foto's kan ik toch moeilijk overeenkomsten ontdekken.'
> 'Nee,' was het antwoord, 'maar hij kon ook zo ondoorgrondelijk kijken en reageren op de manier waarop jij ook reageert. Jij bent een echte Prinsen.'

Waarschijnlijk kan iedereen zich wel een soortgelijk gesprek herinneren. Door andere mensen worden eigenschappen moeiteloos geplaatst in de lijn van vorige generaties. Al eerder is gesteld dat context en loyaliteit belangrijke factoren zijn voor gedrag. Dat hierbij ouders ook een belangrijke rol spelen is evident en dat er in die zin gedragsoverdracht tussen generaties plaatsvindt lijkt duidelijk. Hiermee is echter niet alles gezegd. In de hier gebruikte contextuele benadering speelt het begrip loyaliteit een belangrijke rol. Een vorm waarin deze loyaliteit aan de oppervlakte kan komen, is 'parentificatie'. In mijn boeken *Mijn kind een kanjer* en *Pubers van nu* heb ik dit begrip omschreven als: 'Het noodzakelijke evenwicht (tussen geven en ontvangen) wordt doorkruist als het kind de rol of de belangen van een ouder krijgt toebedeeld en aanvaardt.' Ik ben daarbij uitgegaan van het gegeven dat er een onlosmakelijk verband is tussen

de ontwikkeling van het kind en de relatie met zijn ouders. De relatie met de ouders en verder over de generaties heen kan constructief zijn als de toebedeelde rol van het kind past bij de ontwikkelingsfase van het kind en als het kind erkenning krijgt voor zijn geven dan wel ontvangen. Het kind zal zich op een evenwichtige wijze ontplooien. Is dit niet het geval, dan is sprake van destructieve gevolgen in de ontplooiing van het kind, een onbalans tussen geven en ontvangen. Enkele verschijningsvormen van parentificatie zijn:
- het kind als medeouder voor de opvoeding van andere kinderen;
- het kind als vervanger van een weggevallen volwassen partner;
- het kind als bliksemafleider in conflicten tussen ouders;
- het kind dat kinderlijk wordt gehouden;
- het kind dat zich tot meerdere eer en glorie van de ouders op een door hen bepaalde manier moet gedragen.

Al deze rollen kunnen van diepgaande invloed zijn op de ontwikkeling van het vertrouwen in anderen en zichzelf (zelfvertrouwen) van het kind tijdens de puberteit en op latere leeftijd. En wat voor de kinderen van nu geldt, geldt ook voor de generaties daarvoor. Iedere ouder was ooit zelf kind en had zijn eigen ouders.

3.5 Loslaten of vasthouden

Deze paragraaf beginnen we met een metafoor.

> Hoog in de bergen bevindt zich een adelaarsnest. Het wordt bewoond door twee volwassen adelaars en vier jongen. De jonge adelaars staan op het punt van uitvliegen en drie van de vier storten zich in de diepte, slaan hun vleugels uit en keren na een korte vlucht terug op het nest. Vader en moeder adelaar houden de capriolen van hun kroost nauwlettend in de gaten en zitten klaar op de rand van de rots om in te grijpen als dat nodig is. Soms ook vliegen zij mee om indien nodig nog sneller in te kunnen grijpen. Het vierde jong doet aan dit alles niet mee. Het zit op de rand, schudt zijn veren, rilt en stapt weer terug in het veilige nest. Op een goede dag, als de andere drie jongen op verkenningsvlucht zijn en het vierde jong zijn plaats op de rand van het nest weer heeft ingenomen, doet zich de volgende, bijna ongelofelijke, gebeurtenis voor. Moeder adelaar nadert haar jong omzichtig van achteren en met een machtige slag van een van haar vleugels stort zij het jong in de afgrond. Het jong gilt en krijst, en probeert krampachtig slaande met zijn vleugels op

zijn minst de val te vertragen. Dit lukt enigszins, maar van vliegen komt nog niet veel en de grond nadert dodelijk snel. Plotseling, in een duizelingwekkende vlucht naar beneden, passeert de moeder haar vallende jong, spreidt haar vleugels wijd uit, vangt het jong in de vlucht op en tilt het statig omhoogvliegend terug naar het nest. Twee weken later hebben alle jongen het nest definitief verlaten.

Eigenlijk is met dit verhaal alles gezegd over loslaten of vasthouden in de opvoeding van kinderen. De opvoedende opdracht die ouders van nature hebben kan nooit gekenmerkt worden door de samenstelling van de woorden 'loslaten of vasthouden'. Het gaat erom dat in de opvoeding kinderen worden losgelaten EN worden vastgehouden. De loyaliteit tussen ouders en kind is die van de existentiële band, een band, een relatie die met het leven gegeven is en waar je nooit van loskomt. Hoe je ouders ook met jou zijn omgegaan, het zijn en blijven de gevers van jouw leven. Deze band schept dan ook een wederzijdse verplichting. En als deze verplichtingen een evenwicht te zien geven tussen geven en ontvangen, dan is sprake van een harmonieuze ontwikkeling van zowel ouder als kind. Als echter van jongs af de verhouding tussen geven en nemen uit balans is, als er schade opgelopen wordt omdat ouders hun kinderen tekortdoen, kunnen kinderen blind worden voor de schade die zij zichzelf of anderen toebrengen. Als kinderen daarentegen de vrijheid hebben om in verbondenheid tot ontwikkeling te komen, zal het hen wat dit betreft goed gaan.

Tot slot van deze paragraaf een andere metafoor. De vrijheid van het kind in relatie tot zijn ouders laat zich in sommige opzichten vergelijken met die van een hond aan een uitrolbare hondenlijn. Zijn bewegingsruimte wordt bepaald door de lengte van de lijn. Degene die de lijn vasthoudt, kan bepalen hoe groot deze bewegingsruimte is. Degene die aan de lijn 'gebonden' is, kan invloed uitoefenen op dat gebied dat hem gegeven is en weet dat hij altijd langs de lijn terug kan komen bij de ander.
Dit voorbeeld kan op allerlei manieren worden geïnterpreteerd. Aan u als lezer de keuze.

3.6 Oorzaak of schuld

> Mirjam weigert ondanks aandringen van haar docent een spreekbeurt voor de klas te houden. De docent geeft het niet op en biedt Mirjam aan om haar via extra bijles te trainen in dit onderdeel. Mirjam komt op de eerste extra les, maar na enig oefenen barst zij in tranen uit. 'Ik kan het niet en ik wil het niet,' gilt zij bijna uit, 'en mijn moeder zegt; "wij Janssens kunnen geen spreekbeurten houden."'

Is het mogelijk aan gevolgen (faalangst/examenvrees) eenduidige oorzaken te koppelen, en zo ja, wanneer is er sprake van schuld? Het zou al te gemakkelijk zijn om tegen een kind dat slecht met zijn faalangst/examenvrees omgaat, te zeggen: 'Ja, de oorzaak ligt bij je ouders en zij zijn er dan ook de schuld van.'
Slecht met faalangst/examenvrees omgaan kan allerlei oorzaken hebben. Een belangrijk – in veel gevallen het belangrijkste – domein waarbinnen kinderen opgroeien en zich ontwikkelen, is dat van de primaire leefgemeenschap of het gezin. Ook de puberteit heeft een grote invloed op het ontwikkelen van vaardigheden. Tijdens de puberteit gaan jongeren experimenteren met grenzen en dergelijke. Tijdens deze periode is het voor het kind belangrijk dat hij dit in een veilige omgeving kan doen. Er zijn ook andere domeinen waarin kinderen zich zelfstandig ontwikkelen. De school is een van deze domeinen, en ouders vertrouwen erop dat het wel en wee van hun kinderen, die dan formeel leerlingen heten, deze aangewezen medeopvoeders aan het hart gaat. Want ouders kunnen nog zo betrokken zijn bij het schoolleven van hun kinderen, ook hier zijn grenzen. Het is voor de ouders een aan de school gedelegeerde opvoedingsverantwoordelijkheid. Ook (jonge) kinderen beleven school graag als een eigen domein waar zij hun eigen leven leiden los van hun ouders. Zo'n omgeving, waar kinderen een eigen leven willen leiden, kan worden omschreven met de term 'kind- of jeugddomein'. Dat zijn die plaatsen waarvan jeugdigen vinden dat ouders er niets mee te maken hebben, waar zij buiten het bereik zijn van het ouderlijk toezicht. Het vormgeven van deze domeinen begint al vroeg. De eigen tent van lakens, de eigen kamer waar ouders zich vooral niet met netheid en orde moeten bemoeien, de sportclub, de hangplek, het uitgaansleven en de pc zijn voorbeelden van deze eigen wereld. Het gemeenschappelijke kenmerk van deze voor de ontwikkeling gunstige, maar soms ook minder gunstige domeinen is dat ouders het

hier meestal niet voor het zeggen hebben en dat kinderen dat niet alleen aantrekkelijk vinden, maar ook nuttig. Als nu de ontwikkeling van het kind zich in vele domeinen tegelijkertijd ontwikkelt en als al deze domeinen invloed hebben op de wijze waarop het gedrag van het kind tot stand komt, dan moeten ook de oorzaken die leiden tot bepaald gedrag in deze domeinen gezocht en gevonden worden.

Het is duidelijk dat het kind in zijn ontwikkeling ook een geheel eigen weg te gaan heeft. Als ouders het begrip schuld verbinden met al die activiteiten waarop zij direct invloed kunnen uitoefenen of waar zij verantwoordelijk voor gesteld kunnen worden, dan ligt het voor de hand dat alleen daar waar directe beïnvloeding mogelijk is van schuld gesproken kan worden.
Nu is dat niet zo eenvoudig als deze uitspraak suggereert. Want ook in de directe ouder-kindrelatie dragen ouders hun geschiedenis met zich mee. Ook zij zijn groot geworden in een situatie waarin hun toenmalige domeinen van invloed waren op hun functioneren. En als het zo duidelijk ligt dat het gedrag van kinderen mede de schuld is van hun manier van opvoeden, dan kunnen zij deze redenering ook op zichzelf toepassen en daarmee althans een deel van de schuldvraag doorschuiven naar hun ouders. Een afschuifsysteem met een fatalistische inslag, namelijk: eigenlijk kan ik er ook niets aan doen dat ik zo ben als ik ben.
Om uit de impasse van de oorzaak/schuldvraag te komen, moet er iets aan het beeld worden toegevoegd, en dat is het begrip 'relatie'. Ouder en kind leven in een van nature gegeven relatie, of zij dat willen of niet. Om tot een evenwichtige ontwikkeling van deze relatie te komen, zullen beiden naar eigen vermogen moeten investeren. Beiden zullen in deze relatie naar eigen vermogen hun verantwoordelijkheid moeten nemen en er zal in deze relatie een balans moeten zijn in het al eerder genoemde geven en ontvangen. In plaats van meteen te beginnen over oorzaak en schuld in opvoeding en sociaal functioneren, kan de vraag worden gesteld of ouders en kind voldoende balans aanbrengen in geven en nemen. Als ouders te veel geven of nemen en daarmee de balans verstoren liggen daar de oorzaken van het (dis)functioneren. Als ouders niet bereid zijn om te werken aan het herstellen van deze balans, kan pas van schuld worden gesproken. Hier kan 'ontschuldigen' vanuit een meerzijdig partijdige houding het begin zijn van het herstel van de balans, dat vervolgens grote invloed kan hebben op de groei van vaardigheden. Dit is geen eenvoudige opgave, want behalve dat ouders de oprechte wil moeten hebben om deze opdracht te volbrengen, moeten zij dit ook kunnen. Zij moeten net als hun kinderen over de vaardigheden be-

schikken om dit proces te doorlopen en tot een goed einde te brengen. Zij moeten vertrouwen hebben in zichzelf.

3.7 Zelfvertrouwen of zelfvalidatie

> Wanneer aan Jordy wordt gevraagd het jaarlijkse klassenfeest te organiseren, trekt hij wit weg en zwijgt. De volgende ochtend wordt Jordy ziek gemeld en hij blijft een aantal dagen weg. De mentor vindt dit vreemd en maakt een afspraak voor een huisbezoek. Uit het gesprek met Jordy en zijn ouders blijkt al snel dat de opdracht voor het organiseren van het feest de aanleiding is voor zijn absentie. Jordy's ouders hebben hier alle begrip voor want zij vinden dat de mentor hem een onmogelijke opdracht heeft gegeven. Hun Jordy heeft zoiets nog nooit gedaan en zal dit ook vast niet kunnen. Jordy knikt bevestigend.

Bij kinderen die slecht met hun faalangst/examenvrees omgaan, is bijna altijd sprake van een negatieve verwachting over het effect van hun handelen. Zowel bij de teruggetrokken als bij de agressieve houding komt deze verwachting voor. Deze negatieve verwachting leidt tot een negatief zelfbeeld en dat leidt weer tot nog onhandiger gedrag, waardoor ze vaker falen. Dit falen is dan weer een bevestiging van hun negatieve verwachtingen. Het zelfvertrouwen daalt en hun zelfbeeld wordt steeds negatiever. Ze voelen zich ongelukkig en er ontstaat een negatieve spiraal, die leidt tot sociale incompetentie en isolement. In alles gaat het hierbij om datgene wat de persoon ten aanzien van zichzelf ervaart en hoe hij de reactie van anderen op zijn handelen ervaart. Om deze negatieve spiraal te doorbreken is het nodig kinderen positieve ervaringen te laten opdoen. Als de verwachting van het kind wordt omgebogen van een negatieve in een positieve, wordt het zelfvertrouwen versterkt en zal de betrokkene vaardiger omgaan met andere mensen. Dit zelfvertrouwen kan alleen ontstaan als, in een soms moeizaam proces, het kind ervaart dat hij in staat is op een positieve manier invloed uit te oefenen op de situatie. Kinderen moeten ervaringen opdoen met gedrag, vooral door te kijken naar hoe anderen moeilijke situaties wel met succes hanteren, en dit nieuwe gedrag in een voor hen veilige situatie te oefenen. Het spreekt bijna vanzelf dat vaardigheden op dit gebied alleen geleerd kunnen worden in al dan niet georganiseerde groepen. Een basisvoorwaarde die aan deze groepen gesteld kan worden is dat het faalangstige kind zich veilig voelt in de betreffende groep. Als deze veiligheid gegarandeerd is en het kind in het leerproces steun en waardering krijgt voor zijn inspanningen, zijn de eerste stappen gezet op weg naar meer zelfvertrouwen met daaraan gekoppelde prettige gevoelens. De ervaring van dit succes leidt tot verdere stappen op weg naar meer zelfvertrouwen met minder angst, spanning en stress. Het zelfbeeld wordt getoetst aan een zelfbewuste houding, het kind weet dat hij zelf invloed kan uitoefenen op zijn eigen functioneren. Dit toekennen van vermogens aan zichzelf en deze vermogens toepassen in de daarvoor in aanmerking komende situatie wordt aangeduid als 'zelfvalidatie'.

De mentor besluit in een apart gesprek met Jordy de zaak nog eens door te spreken. Er worden afspraken gemaakt over wat Jordy zal doen, zonder dat anderen dat weten. Jordy gaat gesteund door de mentor aan de slag. Het feest wordt een knaller. Na afloop gaat Jordy naar zijn mentor en zegt: 'YES, ik kan het!' Misschien kan dit ertoe leiden dat de Janssens steeds vaker zullen zeggen; 'Yes, ik kan het toch wel.'

Heeft mijn kind last van faalangst/examenvrees?

4

De vreugden van ouders zijn geheim, evenals hun smachten

Bacon

Ouders hebben dagelijks met hun kind te maken en dus merken zij vaak als eersten dat er iets met hun kind aan de hand is. Dit gaat echter helaas niet altijd op, met name niet bij ouders met pubers. Een puber weet namelijk als geen ander zijn gevoel te maskeren. Hij heeft een houding van: aan mijn lijf geen polonaise, ik heb hier geen tijd voor, ik heb hier geen zin in, ik los het zelf wel op. Maar als ouders regelmatig de tijd nemen om met hun kind te praten, kunnen zij ook bij pubers voorbij die pose komen. Als zij interesse tonen en hun kind de ruimte geven om over zijn gevoelens en belevenissen te vertellen, komen ze achter veel zaken die spelen. Soms zijn ouders echter aangewezen op anderen als het gaat om het observeren van het gedrag en de daaraan gekoppelde gevoelens van hun kind.

> Na de maaltijd zitten de vader en moeder van Joshua (11) op de bank een kopje koffie te drinken. Tijdens het gesprek krijgen ze het over het slechte slapen van Joshua de laatste tijd. Zij realiseren zich dat hij steeds vaker slecht slaapt en dat het dikwijls een uur of twee duurt voordat hij in slaap valt en dan ligt hij volgens zijn ouders te piekeren. Verder merken ze dat hij steeds meer aandacht vraagt van volwassenen. Tijdens een gesprek met de leerkracht van afgelopen week heeft deze dit ook naar voren gebracht. Op school roept Joshua vaak gevoelens van medelijden op. Vader en moeder maken zich zorgen om hun zoon. In gesprekken laat Joshua hier niets over los, het gaat volgens hem allemaal prima. 'Iedereen moet niet zo zeuren, jullie moeten me gewoon met rust laten.' Dit is voor de ouders van Joshua geen bevredigend antwoord en zij besluiten een gesprek te heb-

ben met zijn juf. In het gesprek oppert de juf op een gegeven moment dat Joshua misschien een faalangsttraining zou moeten volgen om weer beter in zijn vel te komen. De ouders van Joshua willen hier nog even over nadenken en dit met Joshua bespreken.

4.1 Signaleren en herkennen

Soms zijn er momenten dat ouders zich afvragen of het misschien een goed idee zou zijn om hun kind aan een faalangst/examenvreestraining te laten meedoen. Deze gedachten komen op als het kind bijvoorbeeld 's avonds regelmatig lang ligt te piekeren, vaak last heeft van hoofd- en buikpijn, vaak dichtklapt bij een toets of met tegenzin naar school gaat. Om te weten te komen of een kind in aanmerking komt voor een faalangst/examenvreestraining, kunnen ouders samen met hun kind de test invullen die is beschreven in paragraaf 4.3; dat zal uitmonden in een diagnose en een advies. Dit is natuurlijk geen uitgebreide wetenschappelijke test, hij geeft slechts een beeld in hoeverre het kind goed met zijn faalangst omgaat en antwoord op de vraag of hij hier misschien hulp bij nodig heeft. Ook bestaat de mogelijkheid het kind uitgebreider te laten testen binnen dan wel buiten de schoolsituatie. Hiervoor zijn diverse signaleringsinstrumenten voorhanden. Signaleringsinstrumenten geven op een snelle manier een beeld van waar het kind eventueel last van heeft.

Enkele voorbeelden van signaleringsinstrumenten
Naast eventuele observaties, cijfers van schoolprestaties en overige informatie kan het kind het een en ander over zichzelf vertellen. In het onderwijs zijn verschillende signaleringsinstrumenten beschikbaar.
- De **SVL/SAQI** (Schoolvragenlijst) is een voorbeeld van een signaleringsinstrument. Met behulp van deze lijst stelt het kind als het ware een sociaal schoolprofiel van zichzelf op. Belangrijke graadmeters voor het functioneringsgevoel van het kind zijn de schalen die betrekking hebben op **SA** (zich sociaal aanvaard voelen), **SV** (de sociale vaardigheden die het kind zelf denkt te hebben), **ZP** (zelfvertrouwen bij proefwerken) en **PS** (plezier op school).
- De **VSV** (Vragenlijst Studie Voorwaarden) geeft inzicht in probleemgebieden die bij stagnatie in de studievoortgang een belangrijke rol kunnen spelen. De gebieden faalangst/lichamelijke

conditie en welbevinden kunnen dienen als graadmeter voor de signalering.
- De **GSV** (Geldergroep SchoolbelevingsVragenlijst) geeft inzicht in probleemgebieden die bij stagnatie in de studievoortgang een belangrijke rol kunnen spelen. De gebieden angst/bezorgdheid, prestatieangst, sociaal zelfvertrouwen, welbevinden en sociale wenselijkheid dienen bij deze vragenlijst als graadmeter voor de signalering. Deze vragenlijst is voor jongeren een hulpmiddel bij het formuleren van hun zelfbeeld.
- De **PMTK** (Prestatie Motivatie Test Kinderen) is voor gebruik op school vaak minder geschikt, omdat deze test alleen door professioneel geschoolde testers (psychologen) mag worden afgenomen en geïnterpreteerd. Bovendien is deze test redelijk verouderd.

Na een test zal er altijd een diagnostisch gesprek tussen het kind en een deskundige (trainer of hulpverlener) plaatsvinden om de test te bespreken en te onderzoeken wat passend is voor het kind. Vervolgens vindt er een gesprek met het kind, de ouders en de deskundige plaats om samen de verschillende mogelijkheden te bespreken. Verder is het natuurlijk belangrijk dat de ouders samen met het kind praten over wat hem bezighoudt en in hoeverre hij last heeft van spanning, stress en piekeren.

Om dit gesprek wat gemakkelijker te maken, volgt hier een aantal voorbeelden van thema's waarover gesproken kan worden.
- Op school: de klas, de gang, de pauze, de docenten.
- Op de vorige school.
- Buiten school: thuis, feestje, op straat, uitgaan, hobby, vereniging.
- Lichamelijk reacties:
  • hoofdpijn;
  • buikpijn/overgeven;
  • agressief/druk/rustig/stil;
  • verdrietig/teleurstelling;
  • weglopen;
  • zenuwachtig;
  • stoer/clownesk.

Hierna volgen enkele voorbeelden van verbindende vragen/opmerkingen die de ouder(s) tijdens een gesprek met het kind kunnen gebruiken en die kunnen helpen om erachter te komen waar het kind echt mee zit.

- Jij geeft aan dat je soms last hebt van spanning en stress en dat je in bed vaak wel twee uur ligt te piekeren; vertel eens?
- O, vertel eens verder.
- Wat gebeurt er als de situatie lastig wordt?
- Wat betekent dat voor jou?
- Wat deed jij zelf precies?
- Ben je daar tevreden over?
- Wanneer heb je nog meer de neiging om dit te doen?
- Hoe lang heb je hier al last van?
- Wat voel je dan?
- Wat denk je dan?
- Welke gevolgen heeft dit voor jou?
- Zou je het anders willen doen?
- Waar ben je goed in?
- Hoe heeft de school/docent hierop gereageerd?
- Als je aan thuis denkt, wat komt er dan als eerste bij je op?
- Hoe zie jij jouw relatie met ons (je ouders)?
- Wat betekent dit voor jou?
- Hoe hebben wij (je ouders) voor jou gezorgd en hoe zorg jij voor ons?
- Hoe probeer jij een goed kind te zijn?
- Welke verwachtingen/boodschappen hebben wij (je ouders) je meegegeven? Welke zijn bevorderend en welke zijn belemmerend? Heb je het idee dat je onze verwachtingen al hebt waargemaakt?
- Wat zou je willen dat wij (je ouders) zeggen?
- Welke hulp van anderen (ouders/docenten/leerlingen) heb je nodig?

Tijdens zo'n gesprek staat steeds de vraag centraal hoe het kind denkt, voelt en handelt. Eveneens is van belang te weten of het kind iets aan zijn gedrag zou willen veranderen. Als er ander gedrag wordt geoefend, heeft dit invloed op het gevoel en denken van het kind. Ook binnen zijn omgeving zal er het een en ander veranderen, wat weer invloed heeft op het gevoel van anderen in de omgeving. Want allen binnen de context zijn met elkaar verbonden, waardoor een verandering bij de een gevolgen heeft voor de ander. Het is goed om dit te weten voordat dit proces in gang wordt gezet. Anders zou het kunnen zijn dat de verandering van het kind meer schade aanricht dan dat het hem oplevert. Het is zaak erop bedacht te zijn dat het hier gaat om willen en niet om kunnen. Als het kind in aanmerking zou komen voor de training bestaan er misschien weerstanden om dit proces aan te gaan. 'Niet durven' of 'denken niet te kunnen' zijn heel vaak de bron van dergelijke weerstanden, en die bron moet als zodanig in het gesprek met het kind uitgebreid aan de orde komen.

'Niet willen' is van een andere orde. Als blijkt dat het kind niet aan een begeleidingstraject wil deelnemen, vraagt dit om een speciale benadering die richting counseling/hulpverlening gaat. Het is goed serieus te overleggen of het kind die stap wel wil, kan of mag maken.

Om de kans van slagen van een faalangst/examenvreestraining zo groot mogelijk te maken, moet aan de volgende twee voorwaarden zijn voldaan.

1. Deelname is alleen mogelijk op grond van vrijwilligheid en de expliciete bereidheid om de verplichtingen van de training na te komen (bijvoorbeeld door het ondertekenen van een contract).
2. Het kind moet zelf willen veranderen.

Verder kan er ook informatie worden ingewonnen bij leerkrachten, de mentor, onderwijsondersteunend personeel, familie en kennissen. Komt de informatie uit meer dan een van deze bronnen, dan dient die geïntegreerd te worden om een goed beeld van het kind te krijgen. Om faalangst/examenvrees te kunnen herkennen is het allereerst noodzakelijk te observeren. Observatie vraagt om een zekere deskundigheid omdat de observator snel geneigd is zijn eigen interpretaties op te leggen aan de situatie, waardoor het beeld van het gedrag van de leerling gekleurd wordt.

> Doordat de moeder van Jan haar zoon goed in de gaten houdt en regelmatig met hem in gesprek is over gebeurtenissen op school, komen op een gegeven moment tijdens de warme maaltijd zijn spanning, hoofdpijn en black-outs tijdens toetsen aan bod. De moeder zegt tegen Jan dat hij aan de faalangsttraining die de school aanbiedt moet deelnemen. En zij vertelt dat als die er vroeger op haar school ook was geweest, zij zeker had deelgenomen en dat zij dan niet zo vaak gezakt zou zijn voor haar rijexamen. Vader vertelt dat een faalangsttraining voor mietjes is en hij van opa Jan vaak te horen kreeg dat hij zijn eigen boontjes moest doppen en voor zichzelf moest opkomen. Er was toen ook niemand die hem daarbij geholpen heeft, en hij is toch ook goed terechtgekomen. Hiermee plaatst hij Jan junior in een loyaliteitsconflict. Het zal voor Jan moeilijk worden om te kiezen of hij wel of niet gaat deelnemen. Want als kind kun je niet

kiezen tussen vader en moeder. Als je namelijk een kruis zet door je vader, zet je direct ook een kruis door de helft van jezelf.

4.2 'Ik zie, ik zie ook wat jij ziet' (observeren)

Observeren is het systematisch en doelgericht waarnemen van concreet, meetbaar gedrag, om vervolgens op basis hiervan te komen tot een zo waardevrij mogelijke interpretatie van dat gedrag en eventueel tot een waardering hiervan.

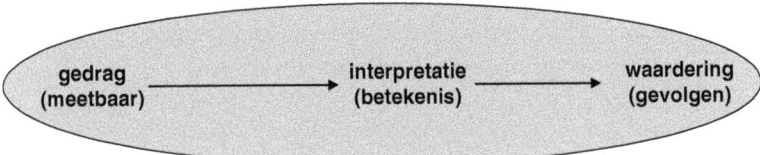

Figuur 4.1 *Schema van observatie.*

Het kind zit onderuitgezakt achter zijn bureau (= waarneming)
Hij is ongeïnteresseerd (= interpretatie)
En daar baal ik van (= waardering)
Wat mij irriteert (= gevolg)

Uit het schema in figuur 4.1 en de beschrijving van een willekeurige schoolsituatie hierboven blijkt welke valkuilen er zijn bij observeren. Wat ik kan zien is dat het kind onderuithangt. En eigenlijk stopt mijn observatie hier. Ik kan niet weten waarom het kind deze houding aanneemt. In veel gevallen gaat het observatieproces echter door en worden kind en observator verwisseld. Wil ik in bovenstaand geval mijn observatie scherper krijgen, dan zal ik dit moeten navragen bij het kind. De observatie zou zich dus uitsluitend moeten richten op het gedrag van het kind. Als de observatie op een juiste wijze en zo waardevrij mogelijk door meerdere personen wordt gedaan, vergroot dit de betrouwbaarheid.

4.3 Test, diagnose en advies

De test in deze paragraaf geeft slechts inzicht in datgene waar een kind tegenaan loopt en geeft een indruk van wat hij nodig heeft. Om een werkelijke diagnose te kunnen stellen is een gevalideerd onderzoek door een erkende hulpverlener nodig.

Vragen

1. Tijdens toetsen/repetities/tentamens/examens voel ik me onzeker en gespannen.
   a Altijd
   b Soms
   c Nooit
2. Het afgelopen jaar slaap ik 's nachts slecht (ik ben vaak wakker en lig te piekeren of ik slaap weinig, maximaal 4 uur).
   a Altijd
   b Soms
   c Nooit
3. Op de dag van een toets/repetitie/tentamen/examen kan ik door de zenuwen geen hap eten naar binnen krijgen.
   a Altijd
   b Soms
   c Nooit
4. Ik heb door de spanning moeite om op gang te komen tijdens een toets/repetitie/tentamen/examen.
   a Altijd
   b Soms
   c Nooit
5. Als ik ga nadenken over het resultaat die ik voor de toets/repetitie/tentamen/examen ga halen (en deze gedachten zijn vaak negatief) heeft dit een slechte invloed op mijn spanning, concentratie en het resultaat.
   a Altijd
   b Soms
   c Nooit
6. Ik heb moeite met het ontvangen van complimenten van anderen.
   a Altijd
   b Soms
   c Nooit
7. Zelfs als ik me goed heb voorbereid op een toets/repetitie/tentamen/examen voel ik me erg zenuwachtig en gespannen.
   a Altijd
   b Soms
   c Nooit

8 Ik ben vaak erg gespannen als ik de uitslag van een toets/repetitie/tentamen/examen krijg.
   a Altijd
   b Soms
   c Nooit
9 Als ik aan een toets/repetitie/tentamen/examen denk en/of vlak voordat een toets/repetitie/tentamen/examen begint krijg ik vaak lichamelijke klachten, zoals buikpijn, hoofdpijn, misselijk, hartkloppingen, erg zweten.
   a Altijd
   b Soms
   c Nooit
10 Tijdens een mondeling (overhoring, beurt in de klas, tentamen) sla ik vaak dicht en kan ik geen woord uitbrengen.
   a Altijd
   b Soms
   c Nooit
11 Als er negatieve opmerkingen over mij gemaakt worden voel ik me ellendig.
   a Altijd
   b Soms
   c Nooit
12 Ik heb vaak tijdens toetsen/repetities/tentamens/examens last van een 'black-out', ik kan me dan niets meer herinneren.
   a Altijd
   b Soms
   c Nooit
13 Ik kan mijn zenuwen en spanningen niet goed bedwingen.
   a Altijd
   b Soms
   c Nooit
14 Een goed resultaat verbaast mij, dit ligt niet aan mij, een slecht resultaat heb ik aan mezelf te danken, ik denk dan vaak: zie je wel, ik kan het niet!
   a Altijd
   b Soms
   c Nooit

A = 2 punten B = 1 punt C = 0 punten

Als je, naar jouw mening, tot nu te weinig hebt gewerkt voor je repetities/schoolonderzoeken/examens en ander schoolwerk en hierdoor ben je erg gespannen of je het wel gaat halen, dan is het misschien verstandig eerst te proberen of door meer en harder studeren de spanning minder wordt. Is dit niet het geval, vul dan de test (nogmaals) in en lees het advies.

Diagnosen en tips/adviezen

Minder dan 7 punten

Diagnose. De spanning die jij hebt is een spanning die hoort bij het maken van schoolonderzoeken of examens. Je hoeft je geen zorgen te maken! Jij weet je zenuwen, ook tijdens spannende momenten goed in bedwang te houden. Je toetsen/repetities/tentamens/examens ga je met veel (zelf)vertrouwen tegemoet en ook over de afloop ben je optimistisch. Je kunt je zenuwen bedwingen, je hebt ze redelijk onder controle wat zelfs in je voordeel kan werken. Hierdoor ben je namelijk beter geconcentreerd waardoor je waarschijnlijk tot betere prestaties komt.

Tip/advies. Waar je voor moet oppassen is dat je door jouw hoge mate van zelfvertrouwen en zelfverzekerdheid geen slordigheidsfouten gaat maken.

7 tot 11 punten

Diagnose. Voor toetsen/repetities/tentamens/examens ben je zenuwachtig en jouw spanning is hoger dan gemiddeld.

Tip/advies. Je kunt hier eens met je mentor over praten, hij heeft vast een paar goede tips voor je. Dit zal waarschijnlijk al voldoende zijn voor een beter resultaat!

11 tot 18 punten

Diagnose. Jouw spanning heeft (te) veel invloed op je resultaten.

Tip/advies. Een faalangst/examenvreestraining in een groep zal je waarschijnlijk helpen. Kijk of er op jouw school een faalangst/examenvreestraining wordt gegeven en praat eens met de trainer(s) over jouw spanning! Als er op je eigen school niet zo'n training wordt gegeven, kijk dan of er buiten jouw school zo'n training wel wordt gegeven!

18 tot 24 punten

Diagnose. Jouw spanning heeft te veel invloed op je resultaten en op je leven. Deze geeft je ook allerlei lichamelijke en geestelijke klachten, hierdoor kun je je waarschijnlijk niet goed genoeg concentreren.

Verder ben je erg onzeker en erg bang om te zakken.
Tip/advies. Een faalangst/examenvreestraining in een groep kan je waarschijnlijk helpen, daarnaast is een individuele begeleiding door een (faalangst/examenangst)deskundige een welkome aanvulling.

Algemene tip/advies
Medicijnen kunnen je spanning ook verminderen, dit is echter altijd van tijdelijke aard. Handiger is het om aan je zelfvertrouwen en je spanning te gaan werken door bijvoorbeeld deel te nemen aan een faalangst/examenvreestraining of door middel van individuele begeleiding door een deskundige.

Bron: Examenvreestest op www.faalangst.nl

Begeleiding voor ouders/verzorgers

Zoals de schaduw het lichaam volgt, zo worden we wat we denken

Boeddha

In dit hoofdstuk worden op een heldere en duidelijke manier alle praktische zaken beschreven die ouders/verzorgers kunnen gebruiken om hun kind te begeleiden. Bij alle oefeningen en opdrachten staat het leren omgaan met faalangst/examenvrees centraal; dit is een onderdeel van het begeleidingsplan en het draagt in belangrijke mate bij aan een positiever zelfbeeld van je kind. De oefeningen en opdrachten kunnen ook worden gebruikt in de alledaagse communicatie met het kind in zijn ontwikkeling naar volwassene. De oefeningen en opdrachten zijn geschikt voor tieners (jongeren van 10-20 jaar).

5.1 Zelfvertrouwen: waar kun je dat halen?

In de ontwikkeling naar volwassenheid heeft een kind vaak weinig zelfvertrouwen en een negatief zelfbeeld. Om het zelfvertrouwen wat te vergroten en het zelfbeeld wat te verbeteren is het goed om het kind regelmatig erkenning te geven voor dat wat hij goed doet. Kinderen, maar ook volwassenen, groeien van erkenning. Het is belangrijk dat er een balans is tussen positieve en negatieve reacties. Vaak horen kinderen naast waarderende woorden ook afkeuring en verboden. Dit is een onderdeel van de opvoeding. Kinderen met weinig zelfvertrouwen horen vaak alleen de afkeuring en niet de waardering. Ze zijn vaak mislukkingsgemotiveerd. Ouders zouden zich kunnen afvragen of er in de dagelijkse omgang een evenwicht is tussen positieve en negatieve reacties. Verder kunnen ze nagaan of zij iets negatiefs ook positief kunnen formuleren, bijvoorbeeld door een uitspraak als: 'Nu heb je alweer ruzie gemaakt met je zusje, wat

ben je toch ook een vervelend kind, stop daarmee', om te buigen tot: 'Je kunt meestal zo goed met je zusje spelen, en nu heb je ruzie met haar, ik wil dat je daarmee ophoudt.'
Er zijn drie manieren om te reageren: negeren, verwerpen en erkennen.

Negeren
'Negeren' betekent dat de ouder de kijk van het kind op zichzelf niet opmerkt of er zelfs niet op reageert.

> Sandra: 'Mam, ik slaap de laatste tijd slecht en ik lig veel te piekeren.'
> Moeder: 'Als je straks naar het winkelcentrum gaat, doe dan even een paar boodschappen voor mij, wil je?'

Verwerpen
'Verwerpen' betekent dat de ouder de kijk van het kind op zichzelf niet goed vindt en vervolgens een negatieve of positieve opmerking maakt of een vraag stelt.

> Sandra: 'Ik wil niet mee op schoolkamp, ik ben bang dat ik weer heimwee krijg.'
> Vader: 'Ik vind dat je ook nu weer voor de problemen wegloopt, maar deze keer kom je er niet zo gemakkelijk van af, ik wil dat je gewoon meegaat.' (*Verwerping gevolgd door een negatieve reactie*)
> Vader: 'Ik vind dat je ook nu weer voor de problemen wegloopt, maar goed, ik zal wel bellen dat je niet meegaat omdat je een feest van je opa hebt.' (*Verwerping gevolgd door een positieve reactie*)

Erkennen
'Erkennen' betekent dat de ouder de kijk van het kind op zichzelf erkent, en dit ook laat merken, en vervolgens een negatieve of positieve opmerking maakt of een vraag stelt.

> Sandra: 'Ik wil niet mee op schoolkamp, ik ben bang dat ik weer heimwee krijg.'

> Vader: 'Ik merk aan je dat het schoolkamp je nogal emotioneert, toch wil ik dat je gewoon gaat en probeert er het beste van te maken.' (*Erkenning gevolgd door een negatieve reactie*)
> Vader: 'Ik merk aan je dat het schoolkamp je nogal emotioneert, ik zal met je mentor bellen en kijken of ik wat kan regelen.' (*Erkenning gevolgd door een positieve reactie*)

Daarnaast is het goed regelmatig samen met het kind op zoek te gaan naar de kwaliteiten die hij bezit. Dit kan bij een kopje thee als het kind uit school komt of tijdens de maaltijd, maar ook voor het slapengaan bij het doornemen van de dag.

Als het kind moeite heeft met het onder woorden brengen van zijn kwaliteiten is werken met de 'Kinderkwaliteitskaartjes' (tot ongeveer 12 jaar) een optie. 'Ken je kwaliteiten' zijn kaartjes die meer geschikt zijn om met jongeren mee te werken. Beide sets zijn te bestellen via www.cps.nl.

Voordelen van begeleiding voor een kind dat slecht met faalangst/examenvrees omgaat
- meer zelfvertrouwen, hierdoor minder spanning en stress;
- beter met kritiek omgaan;
- fouten durven maken;
- betere samenwerking met leerlingen uit de klas/groep;
- anders omgaan met pesten;
- ervaren dat je als kind anders dan anderen kunt/mag zijn of doen;
- anderen vertrouwen kunnen geven en van anderen vertrouwen kunnen ontvangen;
- ervaren hoe je conflicten met anderen (beter) kunt oplossen;
- meer durven in sociale situaties, bijvoorbeeld contact maken of iemand rechtstreeks aanspreken, of aan een vreemde de weg vragen, of iets in een winkel ruilen;
- tips kunnen geven waar iemand wat mee kan, niet alleen reageren met goed of fout, en tips van anderen kunnen ontvangen en hiermee oefenen.

Evaluatie van het (begeleidings)gesprek met het kind
De evaluatie is een belangrijk moment. Het kind wordt zich meestal bewust van wat hij meeneemt uit het gesprek of wat voor hem belangrijk is geworden tijdens het gesprek. Verder kan het kind aangeven wat hij van het gesprek heeft gevonden door te zeggen wat hem is bevallen en wat hij een volgende keer anders zou willen doen.

5.2 Oefeningen/opdrachten voor ouder en kind

Ademhalingsoefening

Als uw kind vaak wat gespannen of druk is kunt u met een ademhalingsoefening proberen hem wat rustiger te krijgen. Als mensen gespannen of druk zijn, ademen ze vaak meer via de borst dan via de buik. Probeer de ademhaling naar de buik te krijgen, door een hand op de buik te leggen, ter hoogte van de navel, en te proberen naar de hand toe te ademen. Dit kunt u ondersteunen door tekst, bijvoorbeeld: *Leg je hand op je buik, ter hoogte van je navel, en adem door naar je hand toe. Adem zo diep mogelijk in en uit.* Door een diepe, rustige buikademhaling worden veel mensen rustig en ontspannen.

Symbool

Geef uw kind de opdracht op zoek te gaan naar een symbool dat voor hem staat voor een succeservaring in een sociale situatie. Het symbool kan een ding of een persoon zijn, en als het niet mogelijk is het echte exemplaar steeds bij zich te dragen, omdat het te groot is of al dood, vraag dan om een foto of een tekening. Probeer het symbool dat het kind heeft gekozen te 'ankeren', dat wil zeggen, door er dingen over te vragen, het symbool zo sterk maken dat uw kind het kan inzetten in een situatie die voor hem lastig is. Het symbool zou hem dan kunnen helpen de op dat moment juiste beslissing te nemen. Probeer er tijdens het ankeren ook achter te komen met welk zintuig dit symbool het sterkst waargenomen wordt en probeer het zo ook te ankeren. Vragen die u tijdens het ankeren kunt stellen zijn: *Wat betekent het symbool voor je? Waar gevonden? Van wie gekregen? Wat voel je erbij? Wat geeft jou precies de kracht? Als je het kwijt zou raken, ben je dan ook je kracht kwijt?* Enzovoort. Wees voorbereid op sterke emoties: uw kind kan een symbool hebben gekozen dat hem zeer na aan het hart ligt en hem verdrietig maakt. Dit vraagt om een rustige, respectvolle benadering. Hier geldt: aanvullen mag, afnemen niet.

Ademhalingsoefeningen van Wayne Cook

Bij deze ademhalingsoefening worden de hersenen een beetje voor de gek gehouden. Door links en rechts anders te activeren wordt het gemakkelijker om anders te denken. Dit kunt u bereiken door het volgende tegen uw kind te zeggen: *Ga op een stoel zitten en kruis je benen. Steek je handen naar voren, kruiselings over elkaar, en pak de handen kruiselings als 'biddende' handen. Draai ze vervolgens naar binnen (van beneden naar boven). Je handen zitten nu gekruist ter hoogte van je hart. Sluit je ogen en ga je concentreren op een diepe, rustige buikademhaling.* Spreek vervolgens langzaam en met een rustige stem bijvoorbeeld de volgende tekst uit: *Voel het bloed door je aderen stromen, voel de zuurstof in je bloed komen en door je hele lichaam gaan en in je hersenen komen. Deze zuurstof zorgt ervoor dat je weer helder kunt denken, waardoor je weer helpende of positieve gedachten kunt bedenken. Geniet van deze rust en ontspanning, en je bent weer fit en helder.* U kunt natuurlijk zelf ook een tekst maken. Na het uitspreken van deze tekst kan het kind de ogen weer openen.

Geleide fantasie zonder muziek

Begin beiden met een diepe, ontspannen buikademhaling. Zodra uw kind een diepe ontspannen buikademhaling heeft, vraagt u hem zijn ogen te sluiten. Nodig vervolgens uw kind uit om met u in gedachten naar een strand te gaan waar hij al eens is geweest. Spreek langzaam en rustig, en zeg uw kind dat hij op de vragen die gesteld worden, in stilte voor zichzelf de antwoorden kan geven en ergens kan opslaan.

U kunt van de volgende tekst gebruikmaken: Als je op het strand bent aangekomen kijk je om je heen en zie je wat er te zien is. Kijk vast uit naar een plekje waar je straks wilt liggen. Hoor de geluiden die bij het strand horen. Voel hoe lekker warm de zon is, hij heeft precies die temperatuur die jij lekker vindt. Houd je gezicht naar de zon. Ruik de zoute lucht, het zeewier! Loop naar het water, het heeft precies de temperatuur die jij lekker vindt. Je loopt het water langzaam in en als je voeten loskomen van de grond ga je zwemmen. Je moet tegen de golven in zwemmen en dat is zwaar, maar jij hebt de kracht die daarvoor nodig is. Jij kunt ze overwinnen, jij bent sterker!

Zwem zover als jij wilt. En proef de licht zoute smaak van het water! Als je lang genoeg gezwommen hebt, zwem je terug naar het strand, de golven dragen je. Zwem tot je voeten weer grond voelen en loop het strand op. Laat je opdrogen in de zon. Loop naar het plekje dat je net al had uitgezocht en ga liggen, totaal ontspannen en geniet van de rust en je zelfvertrouwen. Kom uit jezelf en kijk naar jezelf zoals je daar ontspannen ligt. Geef het een woord en spreek dit innerlijk uit. Maak een kleurenfoto van jezelf zoals je daar nu ligt, volledig ontspannen en vol van alle kracht die in je zit, en sla deze foto op op een plaats waar je er gemakkelijk bijkunt om te gebruiken als je hem nodig hebt. Open je hand (niet de schrijfhand) en stop hier alle kracht in die in je zit en houd deze vuist bij je en gebruik hem als je het nodig hebt. Open je vuist weer en geniet nog even van dit moment. Kom in je eigen tempo weer terug in het hier en nu, en beweeg je lichaam, armen, benen, hoofd, nek.

U kunt uw kind (eventueel in een speciaal schrift) laten opschrijven waar hij de foto heeft opgeslagen en wat hij in zijn vuist heeft gestopt.

Geleide fantasie met muziek

Uw kind gaat op de grond liggen, eventueel op een handdoek of matje. Begin beiden met een diepe, ontspannen buikademhaling. Zodra uw kind een diepe ontspannen buikademhaling heeft, vraagt u hem zijn ogen te sluiten. Zet vervolgens rustige muziek aan (kies hiervoor muziek die jullie beiden prettig vinden en die uw kind rustig maakt). Nodig vervolgens uw kind uit om te doen wat u zo zult vragen. Spreek langzaam en rustig. U kunt van de volgende tekst gebruikmaken: *Je gaat lekker ontspannen liggen, je armen langs je lichaam, je benen ietwat gespreid, je voeten laat je opzij vallen. Je ademhaling is rustig, ontspannen en regelmatig. Door je gehele lichaam trekt een gevoel van ontspanning. Je hele lichaam wordt zwaar en ontspannen, te beginnen met je voeten. Je voeten worden zwaar, enkels, onderbenen, knieën, bovenbenen worden zwaar, ze geven zich over aan de zwaartekracht. Bekken, spieren van je bekken, buik, buikspieren, ook daar laat je de spanning gaan. Borst, rug, voel je spanning in de onderrug. Je laat deze spanning nu heel bewust helemaal los en je ademt diep in en uit. Schouders. De spanning glijdt van de schouders, glijdt van de armen, bovenarmen, onderarmen, polsen, handen, worden zwaar, de armen geven zich over aan de zwaartekracht.*

Nek, hals, gezicht. Je gezicht is volkomen glad, alle spanning trekt weg uit je gezicht, je mond, wangen, je voorhoofd is koel en glad. Je gehele lichaam bevindt zich in een diepe rust, je gehele lichaam is zwaar, zwaar en ontspannen, en je voelt rust en je gunt jezelf deze rust. Nu twee minuten lang alleen de muziek. (muziek). Nu ga je met je aandacht naar de ademhaling, een diepe, volledige ademhaling door je gehele lichaam, je lichaam wordt warm door je adem. Heel voorzichtig rol je met je hoofd zijwaarts heen en weer, dan rol je met je armen over de vloer, je rolt met je benen over de vloer, je rolt armen en benen over de vloer. Dan knijp je in je handen, je strekt je tenen en ademt diep in en uit. Vervolgens strek je je gehele lichaam, je ogen zijn niet meer zwaar, je kunt ze weer opendoen. Je ontspant je armen langs je lichaam en je drukt je vingers nog even stevig een voor een op je duim. En je voelt je weer fit, rustig en ontspannen. Fit, helder en ontspannen kom je weer overeind in zithouding en in zithouding gun je jezelf nog even de tijd om weer helemaal bij te komen.

Een vipbehandeling

Deze oefening wordt uitgevoerd in drietallen of met een veelvoud van drie (bijvoorbeeld met beide ouders of met een vriend of kennis). U zegt: *Vanaf morgen is er geen onderwijs meer en jullie moeten een baan zoeken en dus een beroep.* Kijk goed naar de twee anderen en noem drie beroepen waarvan u vindt dat ze heel geschikt voor hen zijn. Benoem de drie beroepen. Ieder hoort zes beroepen die anderen hem toekennen, kiest daaruit één beroep en vertelt dit aan de anderen. Alle drie horen de beroepen van de ander en kennen aan ieder beroep drie kwaliteiten toe. Die kwaliteiten worden uitgewisseld zodat ieder nu één beroep en daarbij zes kwaliteiten heeft. U kiest bij uw beroep minimaal drie kwaliteiten waarin zij zich herkennen. U gaat staan en stelt u voor, bijvoorbeeld: 'Ik ben Hans, ik word snackbareigenaar want ik kan goed met mensen omgaan, lekker eten bereiden en ik ben een goede handelaar.' Beeld het beroep ook uit in lichaamstaal.

Eigenwaarde

Er staan 25 waarden op een vel papier. Ouder en kind schrijven elk vijf waarden op die voor hen belangrijk zijn. Zij laten ieder woord eerst even in gedachten rondgaan en voelen of de waarde wat voor hen betekent of niet.
Krijg je er een warm, positief gevoel door of juist niet? Zet de vijf waarden in volgorde van belangrijkheid.
- Welke rol spelen deze waarden in je dagelijks leven?
- Hoe zien anderen dat jij de waarden belangrijk vindt, hoe laat je dit blijken in je gedrag?

Voorbeelden van waarden
Creativiteit – vriendschap – variatie – plezier – zelfrespect – enthousiasme – verantwoordelijkheid – samenwerken – status – avontuur – leiderschap – harmonie – macht – zuiverheid – rust

– onafhankelijkheid – dienstbaarheid – bezit – orde – loyaliteit – privacy – vrijheid – veiligheid – wijsheid – eerlijkheid.

Ja, ja en nog eens ja-en

Deze opdracht wordt uitgevoerd in tweetallen. Een ouder stelt de vragen aan het kind. Die mag op iedere vraag alleen maar met 'ja' antwoorden. De ouder die de vragen stelt probeert het kind uit te lokken om 'nee' of 'ja, maar' te antwoorden. Wie houdt dat het langste vol?
Bijvoorbeeld:
Jij hebt toch veel geld, hè?
Ja!
Jij hebt alles voor dat geld over, hè?
Ja!
Jij gaat voor geld door het vuur, hè?
Ja!
Dus je gaat morgen een bank overvallen?
Ja!
Bespreek samen wat deze oefening met u en uw kind heeft gedaan.

De beklaagdenbank

Deze opdracht wordt uitgevoerd in tweetallen. Uw kind zit tegenover u. Tijdens deze opdracht wordt er bijna niet gesproken en u hebt een spiegel nodig.
Ga allebei in gedachten naar het eigen gevoel. Uw kind neemt een persoon in gedachten over wie hij een positieve mening heeft. Deze mening uit hij drie keer hardop tegen u die tegenover hem zit, waarbij hij u aankijkt. Bijvoorbeeld: *Ik vind je geweldig, ik vind je geweldig, ik vind je geweldig.* Bij de vierde keer

houdt u een spiegel voor het gezicht van uw kind. *Voel wat er gebeurt op het moment dat je jezelf de positieve mening ziet uiten.*
Wissel daarna, zonder met elkaar te praten, van rol en voer de opdracht opnieuw uit. Vertel dan aan elkaar wat er met ieder van jullie gebeurde op het moment dat je de spiegel voor je kreeg en de positieve mening mocht uiten.
Deze opdracht kan ook uitgevoerd worden door een negatieve mening over iemand te geven. Wat gebeurt er dan met je en wat is het verschil tussen een positieve en negatieve mening?

Uit de dramadriehoek
Deze oefening wordt uitgevoerd met minimaal drie mensen. Bespreek met uw kind een conflict waar hij zelf bij betrokken is geweest. Ga vervolgens met de rugleuningen van jullie stoelen naar elkaar toe zitten. Het kind vertelt de conflictsituatie aan de ene ouder, en die neemt de rol van de tegenpartij in. Probeer de situatie zo echt mogelijk te spelen en reageer zo goed mogelijk vanuit uw rol. Tijdens de situatie moet de andere ouder/verzorger een time-out inbouwen en aan de andere twee vragen welke gedachten en gevoelens er spelen en wat een goede manier zou kunnen zijn om dit gesprek te vervolgen. Deze tips worden in het vervolg van het gesprek geoefend om er een positieve wending aan te geven. Vervolgens wordt het geoefende besproken en wordt geëvalueerd wat de oefening op gevoelsniveau heeft opgeleverd. Laat uw kind (eventueel in een speciaal schrift) de tips opschrijven.

Anders denken helpt
Vertel uw kind een verhaal over Jaap die voor het eerst op voetbalkamp gaat en die veel heimwee heeft. Hij baalt hier stevig van. Verder heeft hij vaak negatieve gedachten die hem een

rotgevoel geven of die ervoor zorgen dat hij dingen niet doet of alsmaar uitstelt. Laat uw kind nadenken over welke *andere* gedachten Jaap zou kunnen hebben die hem een beter gevoel kunnen geven over het voetbalkamp. Bespreek vervolgens met uw kind een situatie die hij zelf stressvol vindt en probeer samen andere, helpende gedachten te formuleren.
Daarbij komen ook de volgende vragen aan de orde:
- *Wat denk je en wat voel je in eerste instantie?*
- *Wat gebeurt er als je de helpende gedachten gebruikt?*
- *Wat voelt er dan anders?*
- *Stel je bij elke nieuwe gedachte de vraag: klopt deze gedachte en helpt deze nieuwe gedachte me?*

Uw kind kan de helpende gedachten (in een speciaal schrift) opschrijven en kijken of hij deze vaker kan toepassen zodat hij zich beter voelt of minder vaak dingen uitstelt of ontwijkt. In bijlage 2 achterin dit boek is een GGGG-schema opgenomen dat ook gebruikt kan worden om helder te krijgen welke gedachten iemand heeft in bepaalde stressvolle situaties.

Slappe pop, stijve pop
Uw kind staat met zijn ogen dicht. Vraag hem zich voor te stellen dat hij een touwtje is. Het touwtje hangt aan een stokje. Het hele lichaam is het touwtje en hangt slap in de wind. Terwijl uw kind zich probeert voor te stellen dat hij een touwtje is, loopt u naar hem toe en geeft hem een duwtje tegen de schouder. Kijk wat er gebeurt. Uw kind blijft met zijn ogen dicht staan. Vraag nu uw kind of hij zich wil voorstellen dat hij een grote boom is. Een boom die stevig in de grond staat. Terwijl uw kind zich voorstelt dat hij een stevige boom is, loopt u weer naar hem toe en geeft hem weer een duwtje tegen de schouder. Uw kind vertelt wat het verschil was tussen de ervaringen als slap touwtje en als stevige boom. Wat voor verschillende effecten hadden de duwtjes die hij kreeg? Vervolgens wordt uitgewisseld hoe het is

om een spreekbeurt te houden, om iemand de weg te vragen, om op te treden in een toneelstukje of om te spreken voor een groep mensen. Wat kun je doen om stevig te staan? Laat uw kind eens met klasgenoten praten en vragen welke strategie zij gebruiken om een spreekbeurt goed te kunnen houden. Wat werkt en wat werkt zeker niet?

Complimenten: geven en ontvangen
Voor deze oefening is het hele gezin nodig. Het is ook leuk om deze oefening met nog meer mensen te doen, bijvoorbeeld andere familieleden of vrienden. Deze oefening is niet alleen goed voor faalangstige mensen maar ook voor veel anderen, zeker voor wie moeite heeft met geven en/of ontvangen.
Alle leden van het gezin lopen door de kamer. Voor ieder geldt: als je iemand tegenkomt, kijk je die persoon aan, je blijft stilstaan en een van beiden geeft de ander een compliment. Als je een compliment gaat geven, vraag je eerst aan de ander: 'Mag ik je een compliment geven?' Als de ander 'ja' zegt, geef je kort en helder een compliment. De ander bedankt je en daarna lopen jullie beiden weer verder door de kamer en ga je op zoek naar iemand anders die je een compliment wilt geven. De ander mag niet direct een compliment teruggeven of reageren op het compliment. Na tien minuten gaat iedereen zitten en wordt deze opdracht nabesproken. Hierbij komt aan bod:
– *Wat vond je gemakkelijker: een compliment geven of krijgen?*
– *Welke complimenten heb je als prettig ervaren en welke als minder prettig?*
– *Wat voor complimenten gaf je zelf en welke heb je niet gegeven?*
– *Waarom vinden veel mensen het zo lastig complimenten te geven?*
– *Waarom vinden veel mensen het ook lastig om complimenten te krijgen?*

Hoe dichtbij kan/mag?

Een kind dat beter voor zichzelf wil opkomen, moet weten wat voor hem belangrijk is, wat hij wel en niet prettig vindt, wat hij naar of moeilijk vindt. Je lichaam is je vriend; je lichaam geeft signalen waardoor je kunt voelen dat er een grens bereikt wordt, waardoor je kunt voelen of iets prettig is of niet, of iets voor jou goed is of niet. Met deze oefening leert uw kind bewust luisteren naar lichaamssignalen en grenzen aan te geven in afstand en nabijheid. Met behulp van deze signalen gaat hij de grenzen aangeven van de ruimte tussen u en hem die hij nodig heeft om zich prettig te voelen. Hierdoor zal uw zelfvertrouwen ook worden vergroot.

Ga tegenover elkaar staan, ieder aan een kant van de ruimte. Uw kind maakt met zijn hand(en) bewegingen die zeggen: 'Kom maar'. Hij roept 'stop' als hij in zijn lijf een signaal voelt, bijvoorbeeld gekriebel of kramp in zijn buik, of als hij het warm of koud krijgt. Als hij zich weer rustig voelt, wisselen jullie van rol. Jullie gaan op zoek naar wat voor allebei een goede afstand is, zodat ieder zich op zijn gemak voelt. Neem rustig de tijd, experimenteer met een stapje voor- en achteruit om te voelen of dat ook nog goed voelt. U kunt uw kind met verschillende gezichtsuitdrukkingen en lichaamshoudingen benaderen en kijken welke invloed dit op hem heeft. Bespreek samen de oefening na. *Wat maakt dat jij wel of niet gemakkelijk iemand over je grenzen laat gaan en welke signalen heb je gevoeld? En wat zorgt ervoor dat je bij een bepaalde gelaatsuitdrukking of lichaamshouding eerder 'stop' zegt?* Uw kind kan deze oefening ook met anderen uitvoeren.

Voelen doe je met je lijf

Deze oefening kan worden gebruikt om verschillende zaken te evalueren of te bespreken. Op tafel liggen kaartjes open met daarop prettige en onprettige gevoelens. Laat uw kind reflecteren op de afgelopen gesprekken of andere dingen die hij heeft meegemaakt door hem een kaart van een prettig moment en een onprettig moment tijdens de gesprekken of de andere gebeurtenissen te laten kiezen. Hij vertelt iets over zijn gekozen kaarten.

Voorbeelden van kaarten met prettige gevoelens
Trots / hoopvol / helder / verlangend / enthousiast / veilig / vol vertrouwen / sexy / energiek / blij / geaccepteerd / nuttig / opgelucht / gewaardeerd / dankbaar / gelukkig / gerustgesteld / gesteund / fit / ontspannen / tevreden / krachtig / ondeugend / goed / opgewonden / voldaan / vrij / verbonden met / verliefd / in balans / vrolijk / op mijn gemak / capabel / aangenaam verrast / optimistisch / waardevol / uitgedaagd / twee blanco kaartjes.

Voorbeelden van kaarten met onprettige gevoelens
Moedeloos / angstig / boos / bang / beledigd / ondankbaar / opstandig / verveeld / verward / voor schut gezet / verdeeld / verslagen / ongemakkelijk / in de steek gelaten / eenzaam / onveilig / ontevreden / onrustig / schuldig / gestrest / leeg / ongelukkig / jaloers / verdrietig / geïrriteerd / somber / niet serieus genomen / agressief / mislukt / onbelangrijk / overbodig / zenuwachtig / ongevoelig / uit balans / alleen / gespannen / onzeker / twee blanco kaartjes.

Deze gevoelskaarten zijn verkrijgbaar via www.kwaliteitenspel.nl.

Ik ben de moeite waard, omdat ...
Geef uw kind de volgende opdracht. Hij gaat minimaal drie mensen (begin zo veilig mogelijk) vragen waarom hij de moeite waard is voor hen. De gevraagde persoon schrijft dit (eventueel in een speciaal schrift) voor het kind op. Tijdens het volgende gesprek probeert u woorden of stukjes van een zin

of tekst te ankeren (zie paragraaf 5.2, oefening Symbool). Uw kind ervaart zo dat zijn geven is gezien en hierdoor kan een eventuele onbalans tussen geven en nemen worden hersteld. Verder zou hij de positieve uitspraken ook kunnen inzetten in situaties die lastig zijn voor hem. Het woord of een stukje van een zin of tekst zou hem dan kunnen helpen de voor dat moment juiste beslissing te nemen.

Vragen die u tijdens het ankeren kunt stellen:
- *Wat betekent dit voor je?*
- *Waarom heb je het aan deze persoon gevraagd, wat maakt hem/haar zo belangrijk voor jou?*
- *Wat voelde je erbij?*
- *Wat geeft jou deze tekst precies?*

Wees voorbereid op sterke emoties. Uw kind kan een tekst voorlezen die hem verdrietig zou kunnen maken. Dit vraagt om een rustige, respectvolle benadering. Ook hier geldt: aanvullen mag, afnemen niet.

T-shirt kopen
Geef uw kind de opdracht om morgen in een winkel in de buurt een T-shirt te kopen dat hem drie maten te groot of te klein is. Hij mag het niet passen in de winkel. Het is de bedoeling dat hij zogenaamd pas thuis het T-shirt past en er dan achterkomt dat het T-shirt hem drie maten te groot of te klein is. De volgende dag brengt hij het T-shirt terug en vraagt hij zijn geld terug. Laat uw kind (eventueel in een speciaal schrift) gevoelens en gedachten noteren die hij tijdens deze opdracht heeft gehad en verder hoe hij heeft geprobeerd deze opdracht succesvol uit te voeren. Nadat uw kind de opdracht heeft uitgevoerd bespreekt u de opdracht met hem na. Vraag hem hoe hij de opdracht heeft uitgevoerd. Hierbij mag hij gebruikmaken van zijn notities. Vraag ook wat het voor hem betekent dat hij

deze opdracht zo succesvol heeft uitgevoerd. Zo ervaart hij dat hij meer kan dan hij denkt.

Ouders kunnen natuurlijk ook andere opdrachten bedenken die spannend voor hem zijn, bijvoorbeeld: bel iemand op om een afspraak te maken, bel bij iemand aan en vraag naar de weg, enzovoort.

5.3 Evaluatie van de totale begeleiding

Tijdens de evaluatie van de gehele begeleiding kan uw kind aangeven wat hij van de begeleiding vond. Vervolgens kunt u samen met uw kind kijken of de doelen gehaald zijn. Verder kunnen jullie beiden aangeven hoe de gehele begeleiding voor jullie voelde. Allen (ouder(s)/verzorger(s) en kind) vertellen elkaar wat hen van de ander is bevallen en welke tips ze voor de ander hebben. Verder geven allen aan wat ze van de begeleiding meenemen. Ouder en kind kunnen ervoor kiezen dit (eventueel in een speciaal schrift) op te schrijven.

Verbinding via de begeleiding door derden

6

De sleutel tot de ander ben je zelf

Een kind krijgt in zijn leven met verschillende mensen te maken die hem begeleiden in de groei naar volwassenheid. Tijdens deze groei kunnen stagnaties optreden. Het is onze ervaring dat steeds meer scholen ervoor openstaan om als een kind een probleem heeft, op school en/of daarbuiten, hierover met het kind en zijn ouders in gesprek te gaan. Op de basisschool is dit met de groepsleraar eerder het geval dan in het voortgezet onderwijs met een vakdocent of de mentor. Binnen scholen werken tegenwoordig speciale begeleiders die kinderen met sociaal-emotionele problemen begeleiden. In het basisonderwijs zijn dat de IB'ers (intern begeleiders) en in het voortgezet onderwijs leerlingbegeleiders of counselors. Denk in dit verband bijvoorbeeld ook aan faalangst/examenvreestrainers, sociale-vaardigheidstrainers en begeleiders van rouw- en echtscheidingsgroepen. Deze begeleiders zijn het aanspreekpunt voor het kind en zijn ouders. In de schoolgids staat meestal vermeld wie dat zijn. Als de school zelf geen trainingen of begeleiding aanbiedt, is hier vaak een organisatie voor ingehuurd of bestaan er contacten met een organisatie (bijvoorbeeld Bureau Jeugdzorg). Het is voor het kind belangrijk dat er een goede samenwerking is tussen de ouders en de school, en/of een organisatie die de begeleiding van het kind verzorgt. Zij kunnen niet zonder elkaar.

> De vader van Abdel:
> 'Tijdens de faalangsttraining moet mijn kind allerlei opdrachten doen waar ik het nut niet van inzie. Zo moet hij een te groot T-shirt kopen en het dan weer terugbrengen omdat het te groot is. Die onzinnige opdracht hoeft hij van mij niet te doen, daar leert hij toch niets van, zonde van de tijd. Ik weet wel wat het beste is voor mijn kind.'

6.1 De dynamische driehoek

Bij het opvoeden van kinderen werken ouders en school nauw samen. Binnen deze situatie heeft ieder zijn eigen verantwoordelijkheid. Dit wordt ook wel een heilig principe genoemd. Is dit in de praktijk ook zo vanzelfsprekend? De school heeft vaak het gevoel dat de 'opvoeding', die met veel moeite op school wordt gegeven, thuis teniet wordt gedaan. Ouders hebben vaak het gevoel dat de school hen niet begrijpt of wil begrijpen. Verder weten ouders, meestal door schade en schande wijs geworden, dat zij nooit aan hun kind hun frustraties over de school mogen laten blijken. Dit geldt omgekeerd ook voor de school als het gaat om de ouders. Kinderen komen vaak wel met klachten over hun ouders bij hun mentor of over school bij hun ouders, maar als de school zou klagen over de ouders of ouders over de school werkt dit meestal negatief.

> De moeder van Julia zit bij de afdelingsleider omdat haar dochter wel erg vaak ziek wordt gemeld, meestal wel twee dagen per maand. Voor de zoveelste keer vertelt zij, waar haar dochter bij zit, dat zij vroeger van haar moeder ook altijd de eerste twee dagen van haar menstruatieperiode thuis mocht blijven omdat ze zoveel buikpijn had. En zij heeft ook gewoon haar diploma's gehaald en haar moeder moest hiervoor nooit op school komen. 'Wat een onzin, buikpijn is ook ziek.'

Zoals gezegd delegeren ouders de verantwoordelijkheid voor onderwijs en begeleiding van hun kind in goed vertrouwen aan de school. Het is dan niet handig om tegenstanders van elkaar te zijn. Het is veel beter als de verantwoordelijkheid van school en ouders in het verlengde van elkaar liggen. Dan krijgt het kind echt de kans te groeien en zich te ontwikkelen. Hoe kan deze gedeelde verantwoordelijkheid het beste worden vormgegeven? Met andere woorden: hoe kun je thuis en school op elkaar afstemmen? De verhoudingen tussen de drie partijen kunnen worden weergegeven in een driehoek, waarbij de drie partijen in de hoekpunten staan en de zijden staan voor de contact- en communicatielijnen. Binnen deze driehoek vinden tal van processen plaats die het leven sterk beïnvloeden, waarbinnen het kind de kans krijgt om te groeien. Als de verhouding tussen ouders en kind niet geweldig is, gebeurt het vaak dat het kind zijn gram op school gaat halen door een medeleerling of zijn leraar het leven zuur te maken, terwijl hij eigenlijk zijn vader rechtstreeks zou moeten aanspreken. Als de ouders en de school niet zo goed samen door een deur kunnen en ze dat aan het kind laten merken, kan het zijn dat het kind zijn loyaliteit naar zijn ouders laat zien door bijvoorbeeld eigendommen van de school te vernielen. Ook het wel of niet kiezen van een bepaald vak heeft te maken met hoe goed de verbinding met de leraar (school) is en is niet alleen gebaseerd op wat nodig is. Er is sprake van een dynamische driehoek, omdat er binnen de driehoek continu beweging is.

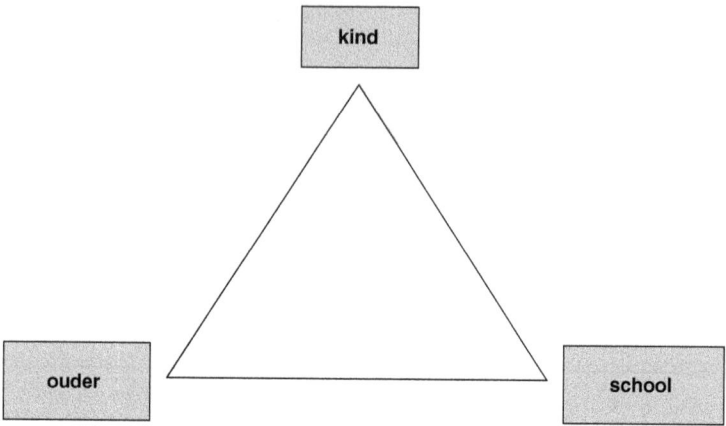

Figuur 6.1 *De dynamische driehoek.*

Ouders zijn gedwongen zich in meerdere opzichten aan de school aan te passen, en dat betekent voor de school dat die zo veel mogelijk rekening moet houden met de eigen verantwoordelijkheid en de verantwoordelijkheid van ouders. De dynamisch driehoek is in figuur 6.1 weergegeven als een gelijkzijdige driehoek. Als dat in werkelijkheid ook het geval is, is sprake van een evenwichtige situatie, waarbinnen het kind ruimte heeft zich te ontwikkelen. De ruimte biedt veiligheid, zelfvertrouwen, geborgenheid, uitdaging, avontuur, aanhankelijkheid en zelfstandigheid. Als de onderlinge verhoudingen veranderen, gebeurt er iets met de zijden van de driehoek en ook met de groeiruimte. Als bijvoorbeeld de verhouding tussen de ouders en het kind niet geweldig verloopt, dan zal dit ook van invloed zijn op de verhouding tussen het kind en de school en tussen de ouders en de school. Dit alles heeft weer invloed op de groeiruimte van het kind.

Op school vraagt Anja wel erg veel aandacht door elke keer een grote mond te geven aan haar leraar wiskunde. Tijdens een gesprek dat Anja met haar leerlingbegeleider heeft omdat de mentor zich zorgen maakt over het gedrag van Anja, komt boven water dat Anja thuis geen erkenning krijgt voor de dingen die ze goed doet. Ze krijgt alleen maar kritiek. Blijkbaar vecht ze het conflict dat ze met haar ouders heeft uit met haar leraar wiskunde, die erg op haar vader lijkt.

De ochtend na de tienminutenavond gedraagt Klaas zich nogal negatief tijdens de les van zijn meester, met wie de ouders de vorige avond een onprettig gesprek hebben gehad. De meester wijt de slechte cijfers van Klaas aan het feit dat de ouders niet consequent genoeg optreden wanneer het gaat om het maken van huiswerk. De ouders van Klaas hebben dit aan hun zoon verteld toen zij thuis door Klaas werden opgewacht en hij vroeg: 'En, wat zei hij?'

6.2 Hoe kunnen school en ouders samenwerken?

Signaleren en herkennen is de taak van zowel de ouders en de omgeving, als van de school. Als er bij een kind problemen zijn gesignaleerd en er naar aanleiding van deze signalen een diagnostisch gesprek of intakegesprek heeft plaatsgevonden en het kind gaat deelnemen aan een faalangst- of examenvreestraining, is het voor de trainers en de ouders belangrijk te investeren in verbinden en vertrouwen, met als opbrengst groei en ontwikkeling van het kind. Het is van belang dat ouders niet het gevoel hebben dat zij schuldig zijn aan de last die hun kind heeft van zijn faalangst/examenvrees en denken dat hun kind een uitzondering is. Voor ouders is het belangrijk dat zij het gevoel krijgen dat zij en de school samen verantwoordelijk zijn voor de begeleiding van het kind. Tijdens het contact met de trainers wordt besproken wat handig en minder handig is om thuis aan het kind te vertellen. Het is erg belangrijk dat het kind van zijn ouders de boodschap of opdracht krijgt dat hij mag veranderen, dat hij het anders mag doen. Zo komt het kind minder snel in een eventueel loyaliteitsconflict. Er zijn namelijk kinderen die uit loyaliteit met bijvoorbeeld hun vader slecht met hun faalangst/examenvrees omgaan omdat die dit ook nog steeds doet, of die conflicten met de vuisten oplossen omdat ze hun vader dat ook zo zien doen. Als kinderen weten dat het goed is dat zij het anders mogen doen dan hun ouders, voelen ze zich niet deloyaal als zij dat ook daadwerkelijk doen. Trainers en ouders hebben elkaar nodig voor de begeleiding van het kind.

Bij sommige trainingen wordt (een van) de ouders de gelegenheid geboden deel te nemen aan een bijeenkomst. Dit blijkt een zeer grote invloed te hebben op het veranderingsproces van hun kind. In dat geval blijft de samenwerking tussen de ouders en de trainers namelijk niet beperkt tot een oppervlakkige kennismaking, maar zeggen de ouders en de trainers expliciet 'ja' tegen elkaar en werken zij als bondgenoten samen, met hetzelfde doel: het kind helpen te leren omgaan met zijn faalangst/examenvrees. Als er geen ouderbijeenkomsten zijn is het verstandig als ouders weten wat er met hun kind gebeurt tijdens de bijeenkomsten en met welke eventuele opdrachten hun kind thuis kan komen. Ook uit het oogpunt van loyaliteit is de betrokkenheid van ouders bij trainingen van groot belang.

> Tijdens de bijeenkomsten met de ouders ziet Bjorn dat zijn vader erg zijn best doet om zijn emoties bij de foto-oefening te verbergen. En tijdens het G-denken probeert hij het erg goed voor te doen.
> Bjorn ziet dat hem dit zwaar valt. In de auto op weg naar huis hebben ze het hierover. Vader zet de auto aan de kant en zegt dat hij erg trots is op Bjorn. Hij zegt tegen Bjorn dat hij ziet hoezeer hij zijn best doet om met spanning en stress te leren omgaan en dat dit al een stuk beter gaat. Wat hij erg goed vindt, is dat hij veel eerder en gemakkelijker nee zegt. Dan ziet Bjorn zijn vader weer zijn emoties wegslikken, waarop hij reageert met: 'Hé ouwe, waarom laat jij je emoties niet zien?' Vader zegt dat hij dit heel moeilijk vindt en dat hij nu ook begrijpt waarom Bjorn hier zoveel moeite mee had. Vader vindt het nog steeds moeilijk om over emoties te praten en om 'nee' te zeggen, daarom geniet hij zo als hij ziet dat Bjorn het steeds beter kan. Bjorn begint te huilen en door zijn tranen heen ziet hij de glimlach van zijn vader.

7 Begeleiding voor het kind zelf bij spanning en stress

Wie ben ik om aan mezelf te twijfelen!

Dit hoofdstuk is speciaal geschreven voor uw kind. In dit hoofdstuk wordt uw kind aangesproken en zijn oefeningen op een duidelijke en heldere manier beschreven, die hij kan gebruiken om zichzelf te begeleiden. Het is erg belangrijk dat uw kind dit hoofdstuk zelf leest, we richten ons in dit hoofdstuk namelijk tot hem.

Beste ...,
Dit hoofdstuk biedt jou handvatten om beter te leren omgaan met je faalangst/examenvrees en met het daaraan gekoppelde gedrag, spanning en stress.
De oefeningen zijn op een heldere, duidelijke en eenvoudige manier beschreven. Mocht je iets niet begrijpen, dan kun je altijd je ouder(s)/verzorger(s) vragen. Verder kun je bij de oefeningen en opdrachten natuurlijk ook hulp van een vriend(in), leraar of je opa/oma inroepen. Bij alle oefeningen en opdrachten staat het leren omgaan met faalangst/examenvrees en toepassen van je ankers centraal. Dit is een onderdeel van jouw begeleidingsplan dat je alleen dan wel samen met je ouders of begeleider gaat maken. Door middel van de oefeningen leer je hoe je kunt ontspannen en hoe je je zelfvertrouwen kunt vergroten. Dat zal ertoe leiden dat je beter met je faalangst/examenvrees, spanning, stress en dergelijke kunt omgaan.

7.1 Oefeningen/opdrachten voor jongeren om te leren omgaan met faalangst/examenvrees

Ontspanningsoefening

Als je vaak wat gespannen of druk bent, kun je met een ademhalingsoefening proberen jezelf wat rustiger te krijgen. Als mensen gespannen of druk zijn, ademen ze vaak meer via de borst dan via de buik. Probeer de ademhaling naar je buik te brengen. Dit kun je doen door een hand op je buik te leggen, ter hoogte van je navel, en te proberen om naar je hand toe te ademen. Adem zo diep mogelijk in en uit. Door een diepe, rustige buikademhaling worden veel mensen rustig en ontspannen.

Op zoek naar je kracht/hulpbronnen

Een waarschuwing vooraf! Je kunt tijdens deze oefening sterk emotioneel geraakt worden. Het kan namelijk zijn dat je een symbool kiest dat je na aan het hart ligt en dat je daardoor verdrietig, angstig of boos maakt. Als dat het geval is, bespreek dit dan met je ouder(s)/verzorger(s) of een vriend of kennis. Ga op zoek naar een symbool dat voor jou staat voor een succeservaring in een sociale situatie. Het symbool kan een ding of een persoon zijn. Als het niet mogelijk is het echte exemplaar steeds (live) bij je te dragen, omdat het te groot is of al dood, zoek dan een foto of een tekening. Probeer het symbool voor jezelf te 'ankeren'. Met ankeren bedoelen we dat je, door jezelf er vragen over te stellen, het symbool voor jezelf sterk gaat maken, zodat je het in lastige situaties kunt inzetten. Het symbool zou je kunnen helpen de op dat moment juiste beslissing te nemen. Vragen die je jezelf tijdens het ankeren kunt stellen zijn onder andere:

- *Wat betekent het symbool voor me?*
- *Waar heb ik het gevonden?*
- *Van wie heb ik het gekregen?*

- Wat voel ik erbij?
- Wat geeft mij precies de kracht?
- Als ik het kwijt zou raken, ben ik dan ook mijn kracht kwijt?

Anders denken helpt

In je hoofd zitten allerlei gedachten, zowel positieve als negatieve. Ze beïnvloeden je gevoel en dit beïnvloedt weer je gedrag. Door het formulier G-denken (zie figuur B2.1 in bijlage 2) in te vullen, kun je voor jezelf helder krijgen welke gedachten jij hebt bij een bepaalde (stressvolle) situatie en welke invloed dit op jou heeft. Het gaat er ook over of je dit graag wilt veranderen. Daarbij kun je je de volgende vragen stellen:

- Wat denk ik en wat voel ik in eerste instantie?
- Wat gebeurt er als ik niet-helpende of helpende gedachten gebruik?
- Wat voelt er dan anders?
- Stel je bij elke nieuwe gedachte de vraag: klopt deze gedachte en helpt deze nieuwe gedachte me?

Je kunt de helpende gedachten (in een speciaal schrift) opschrijven en kijken of je ze vaker kunt toepassen, zodat je je vaker beter voelt of minder vaak dingen uitstelt of uit de weg gaat. Veel plezier!

De pot verwijt de ketel ...

Gebruik hierbij het formulier in figuur B2.2 in bijlage 2.
Schrijf voor jezelf een paar verwijten op die jij wel eens krijgt.
Schrijf een van die verwijten op een papiertje en leg dat op een stoel tegenover je. Lees het verwijt hardop voor.
Vul vervolgens het formulier in figuur B2.2 in.
Wanneer alles is ingevuld geef je jezelf een tip hoe je de volgende keer met dit verwijt om kunt gaan.

Schouderklopje

Een waarschuwing vooraf! Je kunt tijdens deze oefening sterk emotioneel geraakt worden. Het kan zijn dat je heftig reageert op zaken die je van jezelf mag of moet ontvangen. Dit zou je verdrietig kunnen maken. Als dit het geval is, bespreek dit dan met je ouder(s)/verzorger(s) of een vriend of kennis.

Geef jezelf de komende week (liefst vanaf nu elke week) minimaal drie schouderklopjes. Doe dit echt (live), zodat je het ook voelt.

Schrijf op (eventueel in een speciaal schrift) waarvoor je jezelf een schouderklopje hebt gegeven. Noteer ook wat dit voor je betekent. Probeer de schouderklopjes zo veel mogelijk te koppelen aan een sociale situatie. Zo ervaar je dat je bestaat en dat je ertoe doet.

Koning Richards Wapenschild

Met deze oefening kun je even stilstaan bij jezelf.
Sterke en zwakke kanten van jezelf vormgeven.
Vaardigheden, angsten, dromen en wensen vormgeven.

Voor deze oefening heb je (gekleurd) karton en mooie materialen nodig, zoals veren, kraaltjes, bloemen enzovoort. Maak van het (gekleurde) karton en met de andere materialen een echt mooi, persoonlijk wapenschild. Om goed voor jezelf te kunnen zorgen, is het belangrijk dat je jezelf kunt begrijpen en aanvaarden zoals je bent. Iedereen heeft speciale gaven, dingen waar hij goed in is. We hebben ook allemaal onze eigen fantasieën en dingen waar we bang voor zijn. Door middel van een schild kun je laten zien wat speciaal is aan jou. Als je weet wat je sterke kanten zijn, kun je je kracht beter gebruiken en op jezelf vertrouwen. Als je weet wat je zwakke kanten zijn, kun je je daartegen wapenen en hulp vragen als het nodig is. Door een wapenschild te maken, maak je een magisch schild waarmee je laat zien wie je bent en waar je kracht uit put. Veel knutselplezier!

Wat voor ons ligt en wat achter ons ligt zijn kleinigheden vergeleken met wat in ons ligt

Bijlage 1: Kernbegrippen uit de (contextuele) begeleiding

Wees zelf de verandering die je in de wereld wilt zien

Gandhi

In dit boek komen termen en begrippen voor die van belang zijn. Veel van deze begrippen worden ook in andere contexten gebruikt. Hier wordt uitsluitend een beschrijving gegeven van deze termen in het perspectief van de begeleiding van faalangstige kinderen. Ouders/verzorgers kunnen deze lijst gebruiken om snel de betekenis van een term op te zoeken. De omschrijvingen zijn voor een deel ontleend aan de 'Toelichting bij de contextuele begrippen' in de publicatie Leren over leven in loyaliteit, (Michielsen e.a., 1999, p. 279-286).

Ademhaling

Bij veel faalangstige kinderen reageert het lichaam sterk in sociale situaties. Dit is bijvoorbeeld te merken aan een versnelde en vaak oppervlakkige ademhaling.

Adrenaline

In sociale situaties maken de bijnieren vaak het hormoon adrenaline aan als het lichaam zich klaarmaakt om te vluchten of te vechten.

Context

Iedere mens is verweven in een netwerk van relaties, waarin het geven en ontvangen van (passende) zorg belangrijk is. De context omvat huidige, vroegere, ook overleden, en toekomstige relaties, zoals (groot)ouders, pleeg/stiefouders, adoptiefouders, broers/zussen, vrienden en kennissen. In een context hebben allen invloed op allen.

Onderscheiden worden: de primaire context (directe familieleden, thuis), de secundaire context (bijvoorbeeld werk, collega's, school) en de tertiaire context (bijvoorbeeld vrije tijd, clubs, kerk).

Dialoog

Een dialoog is meer dan de tegenhanger van een monoloog. Vaak wordt gedacht dat een dialoog een gesprek is tussen twee mensen. In de contextuele benadering is een dialoog echter meer dan alleen met elkaar spreken: het betekent een werkelijke ontmoeting tussen mensen als persoon, gebaseerd op wederzijdse erkenning. Een dialoog heeft een helende werking, omdat beider zelfwaardering en zelfafbakening erdoor worden versterkt.

Dynamische driehoek

De dynamische driehoek symboliseert de relationele context van iedere mens. De hoekpunten verbeelden de mens als kind, als ouders en de buitenwereld, in dit boek de mensen in de school. Deze zijn onderling verbonden door de zijden van de driehoek. De ene zijde is de verticale loyaliteitsband tussen ouders en kind, de andere zijde is de horizontale band van de ouders met de school en de horizontale band van het kind met de school. Het gebied binnen de driehoek verbeeldt de ruimte die het kind heeft om zich te ontwikkelen en te groeien. Zie figuur 6.1. Naarmate de relaties (verbeeld door de lijnen) verstoord of verbroken worden, is ook de groeiruimte opengebroken, minder gestructureerd. Deze driehoek noemen we dynamisch omdat de verschillende partijen in de relaties voortdurend bezig zijn (dynamiek) met geven en ontvangen. Zolang daarin evenwicht bestaat, zijn er optimale groeikansen voor het kind; een gebrek aan evenwicht verkleint de ontwikkelingskansen.

Erkennen

Erkennen heeft in dit boek een contextuele betekenis en is meer dan belonen, waarderen, een schouderklopje, bedankje, begrip tonen of terugkoppelen, hoewel dat er wel uitingsvormen van zijn. Je voegt eraan toe wat het voor jou betekent dat de ander dat voor jou heeft gedaan. Erkenning betekent de ander in zijn context aanvaarden, ontmoeten en bevestigen. Twee elementen ervan zijn: erkennen van de verdienste (datgene wat hij heeft gedaan) en erkennen van het onrecht dat hem is aangedaan of overkomen. Erkenning leidt tot vergroting van eigenwaarde en versterking van zelfafbakening.

Evenwicht tussen geven en ontvangen

Iedere mens wordt gevend geboren. Het geven moet worden gezien en gecommuniceerd. Een mens heeft ook recht op ontvangen. Beide moeten wel passend zijn (horen bij de leeftijd). Tussen geven en ontvangen dient een evenwicht te bestaan. Als er langdurig een onbalans is gaan mensen hier last van krijgen.

Feedback

Terugkoppeling, dat is wat iemand (bijvoorbeeld je kind) terugkrijgt voor zijn prestaties. Feedback kan positief of negatief zijn, en zowel taakgericht als persoonsgericht (op wie je bent). Ouders geven hun kind feedback op wat hij doet en wie hij is. Het is niet verstandig om negatieve persoonsgerichte feedback te geven. De ander kan hier namelijk vaak niets mee en je breekt iemand dan ook snel volledig af. Van positieve persoonsgerichte feedback groeien mensen. Dit vergroot de eigenwaarde en het zelfvertrouwen.

Loyaliteit

Loyaliteit betekent trouw en betrouwbaar zijn, opkomen voor iemand met wie je een relatie hebt, er voor iemand toe doen, op basis van een balans tussen geven en ontvangen. Loyaliteit is er altijd en deze is ook vaak de oorzaak van de onbalans: hoe slechter de ouders, hoe loyaler het kind. Hoe sterker de onderlinge band, des te sterker de onderlinge loyaliteit. En andersom. Zo kunnen onderscheiden worden:
- horizontale loyaliteit, die bestaat in gekozen relaties: partners, vrienden, collega's; deze relaties kunnen eventueel worden beëindigd;
- verticale loyaliteit, die bestaat tussen generaties en die trouw betekent aan hen van wie men het leven ontving of aan wie men het leven heeft gegeven.

Meerzijdige partijdigheid

Meerzijdige partijdigheid is de attitude of vaardigheid om op te komen voor de belangen van alle betrokkenen (al of niet aanwezig, al of niet nog in leven), inclusief de belangen van jezelf. Je hebt begrip voor alle partijen. Je gaat samen op zoek naar oplossingen en je bent niet beschuldigend maar verbindend. Het is iets anders dan je neutraal opstellen. In dat laatste geval is er vaak geen sprake van activiteit, terwijl meerzijdig partijdigheid hard werken is. Het is een contextuele grondhouding om beide partijen te respecteren, dus voor beiden partij te kiezen. Dat is kiezen vóór de een en niet tegen de ander, aan beide partijen ruimte geven en respect betonen, oog hebben voor beider belangen.

Onrecht

Onrecht kan je worden aangedaan (vergeldend onrecht) of je overkomen (toedelend onrecht). Als iemand onrecht heeft ervaren, vindt hij dat hij recht heeft op genoegdoening. Genoegdoening begint met erkenning van het onrecht. Als die erkenning uitblijft, wordt deze soms gezocht bij onschuldige derden in de vorm van destructief gedrag. Dat kan eveneens gebeuren als het onrecht door een ander is aangedaan, maar de schuldige niet kan worden aangesproken.

Ontschuldigen

Ontschuldigen is: de schuld niet of minder aanrekenen. Je gaat op zoek naar wat maakt dat jou onrecht is aangedaan. Dit maakt mild. Als bijvoorbeeld ouders hun kind onrecht hebben aangedaan, kunnen er in een dialoog tussen ouders en kind omstandigheden en intenties aan het licht komen die tot het onrecht hebben geleid. Dit kan ervoor zorgen dat het kind hun de schuld minder aanrekent. Zelfs als de ouders de schuld niet (kunnen) erkennen, kan het kind hen ontschuldigen. Dat is iets anders dan verontschuldigen (= begrip hebben voor het onrechtvaardige gedrag) en ook iets anders dan vergeven (= de schuld uitwissen). Als de boosheid over de schuld aanleiding was voor destructief gedrag, kan dat vervolgens worden omgezet in constructief gedrag. Zo wordt de roulerende rekening (zie verderop) tot staan gebracht.

Parentificatie

De situatie waarin het noodzakelijke evenwicht tussen geven en ontvangen tussen ouders en kinderen uit balans is doordat het kind de rol en/of de belangen van een ouder krijgt toebedeeld en aanvaardt. Parentificatie hoeft niet altijd destructief te zijn. Als het kind erkenning krijgt voor zijn geven en als het geven past bij zijn leeftijd, is parentificatie constructief. Dat gebeurt onder andere als het kind de rol krijgt van mede- of hulpouder (zorg voor gezin en huishouden) of zich ouder dan wel jonger gaat of moet gaan gedragen.

Rechtstreeks aanspreken

Dit betekent dat je de ander niet-beschuldigend en zonder omwegen zegt wat je wilt zeggen. Het kan gaan om negatieve of positieve boodschappen. Daarbij probeer je tegelijk, met zorg en respect voor elkaar, het evenwicht van geven en ontvangen tussen jullie beiden te bewaren en/of te herstellen. Degene die rechtstreeks aanspreekt moet er rekening mee houden dat de ander zich hier of elders tekortgedaan kan voelen, te veel moest geven, of te weinig heeft ontvangen.

Roulerende rekening

Als mensen onrecht hebben ervaren, neigen zij ertoe de schuld op onschuldige derden te verhalen, waardoor ze op hun beurt nieuw onrecht veroorzaken. Dat noemen we de roulerende rekening. Hierbij gaat het bijvoorbeeld om ouders die het door hun eigen ouders (verticale verbindingen) aangedane onrecht vereffenen met hun kinderen, of de openstaande rekening vereffenen in relaties met horizontale verbindingen.

Vermijdingsgedrag

Gedrag waarmee een kind laat zien dat hij liever aan een situatie wil ontsnappen. Zichtbaar gedrag kan zijn: uitstellen, afwachten of zich proberen te verbergen.

Weerstand

Weerstand betekent verzet. Met weerstand bescherm je het meest kwetsbare van jezelf. Achter weerstand zit altijd een verlangen. Veranderen doet vaak pijn en roept verzet op. Vaak wil een kind de beoogde gedragsverandering niet uitproberen uit angst voor een onzekere, nieuwe toestand. Dat is meestal een teken van gebrek aan vertrouwen en veiligheid. Je kunt pas veranderen als je het voordeel ervan inziet. Door de weerstand te zien en deze te benoemen (erkennen), kan het ook een bron van energie worden, waarmee je kunt werken en een veranderingsproces op gang kunt brengen.

Zelfafbakening

In menselijke relaties gaat het om een wederzijdse behartiging van belangen. Zelfafbakening is het besef dat je terecht en met succes voor je eigen belangen kunt en mag opkomen, zonder dat je daarmee de belangen van de ander hoeft te negeren.

Zelfbeeld

De kijk die iemand op zichzelf heeft. Eigenschappen die een kind gebruikt om zichzelf te beschrijven, ook wel zelfconcept genoemd. Het bevat de antwoorden op vragen als: wie ben ik, wie zou ik willen zijn, welk beeld hebben anderen van mij, doe ik ertoe, ben ik de moeite waard? Veel faalangstige kinderen geven negatieve antwoorden op deze vragen.

Zelfvertrouwen

Een positief gevoel dat je ervaart als er bij taken eisen aan je gesteld worden. Als iemand een gebrek aan zelfvertrouwen heeft, komt dit vaak tot uiting in angst in de betreffende situatie.

Zelfwaardering

Zelfwaardering, ook wel 'zelfvalidatie' genoemd, betekent dat je beseft dat je 'ertoe doet', dat je de moeite waard bent. Dit ontstaat wanneer jouw (passend) geven is gezien en dit in dialoog erkenning krijgt.

Bijlage 2: Formulieren bij de oefeningen

1 Schrijf bij G-1 Gebeurtenis een spannende gebeurtenis op die bij jou een vervelend gevoel oproept.
2 Schrijf bij G-3 Gevoelens/Gedrag op wat je bij jezelf waarneemt (wat voel je bij jezelf, wat zien anderen aan jouw gedrag, wat gebeurt er met jou?)
3 Schrijf bij G-2 Gedachten de gedachten op die de spannende gebeurtenis bij jou oproepen.
4 Schrijf bij G-3 Wensgevoelens/-gedrag op hoe je je zou willen voelen.
5 Stel jezelf bij iedere gedachte twee vragen.
   a Is deze gedachte absoluut en voor 100% waar?
   b Helpt deze gedachte mij bij het doel dat ik mezelf heb gesteld?

De volgende stap is dat je de niet-helpende gedachten vervangt door helpende gedachten.
6 Schrijf bij G-2 Helpende gedachten die gedachten op die jou helpen je doel te bereiken.
7 Schrijf bij G-3 Nieuwe gevoelens/gedrag op hoe je je met de helpende gedachten in deze situatie voelt.

Bijlage 2: Formulieren bij de oefeningen

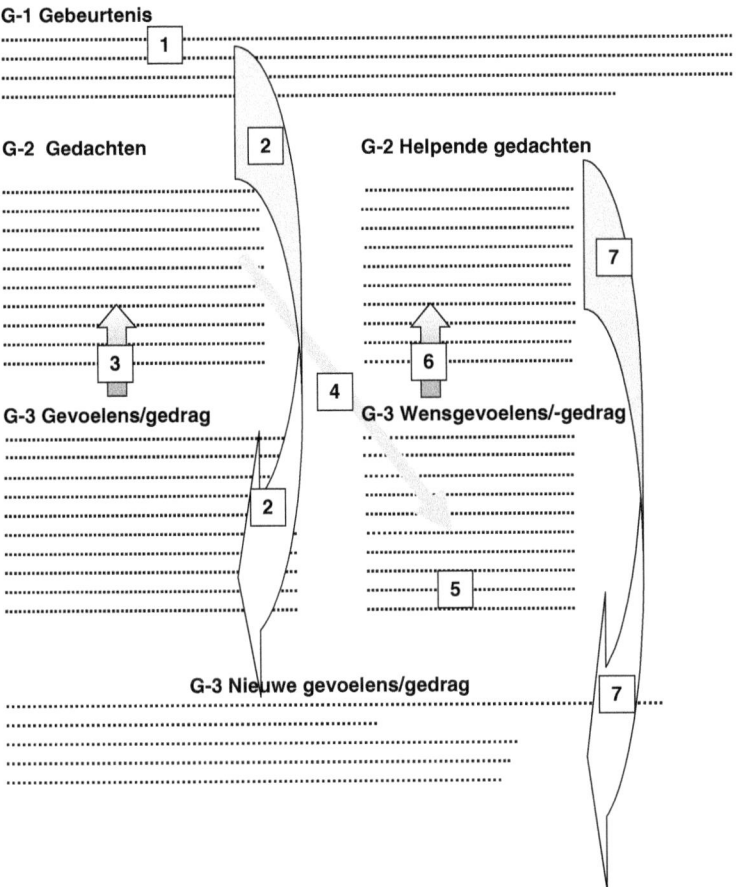

Figuur B2.1 GGGG-schema.

1. Slik/accepteer/neem het verwijt (100%) → REGISTREER gevoelens en gedachten

Gevoelens	Gedachten

2. Ga in de verdediging → REGISTREER gevoelens en gedachten

Gevoelens	Gedachten

3. Splits het verwijt: – wat jij neemt
 – wat laat je bij de ander
 → REGISTREER gevoelens en gedachten

Gevoelens	Gedachten

Figuur B2.2   Formulier 'De pot verwijt de ketel ...'.

Nawoord

Wie zich in de gevoelens en de gedachten van jongeren of van zichzelf als volwassene gaat verdiepen, ervaart dat dit een proces is waarin de context altijd een rol speelt. De uitkomsten van dit proces zijn meestal niet te voorspellen. Deze onvoorspelbaarheid kan mensen onzeker maken en draagt tegelijkertijd een zekere positieve spanning in zich. Dit is voor mij de spanning van de hoop, de hoop dat het persoonlijk functioneren zodanig kan veranderen dat de kwaliteit van leven en het welbevinden toeneemt.

Door zich open te stellen voor begeleiding op het gebied van spanning, stress, faalangst/examenvrees door bijvoorbeeld individuele begeleiding door ouders/hulpverleners of door aan een faalangst/examenvreestraining deel te nemen, zal uw kind zich minder slachtoffer voelen. Hij is dan geen willoos subject dat altijd alles overkomt en dat alles gelaten ondergaat. Door de specifieke opzet van mijn manier van omgaan met mensen gaat uw kind samen met u als ouders ervaren dat u zelf invloed kunt uitoefenen op gedachten, gevoelens en gedrag.

Tijdens de oefeningen en opdrachten zal uw kind veel plezier ervaren, wat voor hem een sterke prikkel en stimulans zal zijn om zich verder te ontwikkelen. Hierdoor zullen zijn zelfvertrouwen, de eigenwaarde en de zelfvalidatie toenemen, wat weer invloed heeft op het functioneren van uw kind en zijn context.

Doordat ook andere volwassenen, bijvoorbeeld u als ouders en/of de leerkrachten, hierbij een rol spelen, betekent dat samenspraak en samenspel nodig zijn. Van deze samenwerking kunnen alle partijen leren.

Dit boek is als een grote wegwijzer voor de jongere, het geeft de richting aan van de verschillende paden die je kunt begaan, alles is mogelijk. Welk pad je gaat is een keuze die ieder zelf maakt en het ene pad is het andere niet. Welk pad je ook kiest, er liggen meestal kleine en grote stenen waar je over kunt struikelen en je kunt er ook overheen stappen of omheen gaan, de keuze is aan JOU.

Ik wens iedereen een goede reis op zijn pad naar betekenisvolle volwassene.

Ik hecht eraan dit boek, deze hulpbron te beëindigen met een gedicht van Marc Insingel.

Kringloop
Als ik niet bang was,
zou ik het durven,
als ik het zou durven,
zou ik slagen,
als ik zou slagen,
zou ik het kunnen,
als ik het zou kunnen,
zou ik het willen,
als ik het zou willen,
zou ik het kunnen,
als ik het zou kunnen,
zou ik slagen,
als ik zou slagen,
zou ik het durven,
als ik het zou durven,
dan was ik niet bang.
Bron: Insingel, 2005.

Literatuur

Apacki, C. (1994). *Energize!* Amstelveen: Quest International.

Boszormenyi-Nagy, I. & Krasner, B.R. (1994). *Tussen geven en nemen: over contextuele therapie.* Haarlem: De Toorts.

Crone, E. (2008). *Het puberende brein.* Amsterdam: Bert Bakker.

Deen, N., e.a. (1996). *Handboek leerlingbegeleiding: een praktische handleiding.* Alphen aan den Rijn: Samsom.

Deen, N., e.a. (1996). *Handboek leerlingbegeleiding: zelfonderzoek.* Alphen aan den Rijn: Samsom.

Delfos, M. (2000). *Kinderen en gedragsproblemen.* Lisse: Swets & Zeitlinger.

Drost, D.M. (1996). *Mensen onder elkaar: psychologie van sociale interacties.* Utrecht: De Tijdstroom.

Galenkamp, H., Harst, A. van der & Roelofs, F. (2003). *Ontwikkelen van emotionele intelligentie: praktijkboek voor de leraar.* Baarn: HB Uitgevers.

Gieles, P. (1993). *Een tas voor huiswerk: Ouders en hun brugklasser.* Nijmegen: Berkhout.

Hollander, J., Derks, L. & Meijer, A. (1990). *Neuro-Linguïstisch Programmeren in Nederland; basistechnieken en artikelen.* Cothen: Servire.

Hoogenkamp, M., Joosten, F., & Voorst van Beest, K. van (2001). *Sociale competentie: een vak apart.* Leuven/Leusden: Acco.

Horst, W. ter (2002). *Onderwijzen is opvoeden.* Kampen: Kok.

Insingel, M. (2005). *Niets.* Gent: Poëzie Centrum vzw.

Jolles, J., Groot, R. de, Benthem, J. van, Dekkers, H., Gloppert, C. de, Uijlings, H., e.a. (2005). *Leer het brein kennen.* Den Haag: NWO.

Kool, J. (2000). *Ho, tot hier en niet verder.* Leuven/Leusden: Acco.

Kuijer, G. (1980). *Het geminachte kind.* Amsterdam: Synopsis.

Michielsen, M., Mulligen, W. van & Hermkens, L. (1999). *Leren over leven in loyaliteit: over contextuele hulpverlening.* Leuven/Amersfoort: Acco.

Mulligen, W. van, Gieles, P. & Nieuwenbroek, A. (2001). *Tussen thuis en school; over contextuele leerlingbegeleiding.* Leuven/Amersfoort: Acco.

Mulligen, W. van, Gieles, P. & Nieuwenbroek, A. (2001). *Contextueel leidinggeven in het onderwijs.* Leuven/Amersfoort: Acco.

Nieuwenbroek, A. (1989). *Leerlingbegeleiding en gezin.* 's-Hertogenbosch: KPC Groep.

Nieuwenbroek, A. & Ruigrok, J. (2004). *Handboek faalangsttraining.* Esch: Quirijn.

Nieuwenbroek, A. (1998). *Faalangst en ouders.* Kampen: Kok Lyra.

Prinsen, H. & Terpstra, A. (2004). *Handboek Sociale vaardigheidstraining.* Esch: Quirijn.

Prinsen, H. (2009). *Mijn kind een kanjer!* Houten: Bohn Stafleu van Loghum.

Prinsen, H. & Terpstra K.J. (2009). *Pubers van nu*. Houten: Bohn Stafleu van Loghum.
Prinsen, H. (2007). *Ja, maar ik ben wel leraar*. Esch: Quirijn.
Smith, P. (2000). *EQ-training*. Baarn: Bosch en Keuning.
Tielemans, E. (1994). *Energize II*. Amstelveen: Quest International.
Veenbaas, W. (1994). *Op verhaal komen: werken met verhalen en metaforen in opleiding, training en therapie: nieuwe wegen met NLP*. Utrecht: Scheffers.
Wiltink, H. (2000). *Ik kan het! Ik kan het! Faalangst overwinnen*. Amersfoort: CPS.

Websites

www.opvoedadvies.nl
www.slo.nl
www.faalangst.nl
www.xzellent.nl
www.pubervannu.nl

Over de auteur

Herberd Prinsen heeft een eigen praktijk voor psychotherapie voor met name pubers, hun ouders en docenten. Verder heeft hij een trainings- en adviesbureau (www.hpc.nu) voor het onderwijs en organisaties in het bedrijfsleven. Hij heeft een ruime ervaring op onderwijsgebied, hij was tien jaar leerlingbegeleider/counselor en tot begin 2009 actief als docent biologie, mens & maatschappij.

Herberd is ook bekend als een charismatisch en inspirerend spreker tijdens lezingen, radio- en tv-optredens en hij heeft onder andere de volgende publicaties op zijn naam staan:
- Handboek Sociale vaardigheidstraining (2004, Esch: Quirijn);
- Ja, maar ik ben wel leraar (2007, Esch: Quirijn);
- Mijn kind een kanjer (2009, Houten: Bohn Stafleu van Loghum);
- Pubers van nu (2009, Houten: Bohn Stafleu van Loghum).

GPSR Compliance
The European Union's (EU) General Product Safety Regulation (GPSR) is a set of rules that requires consumer products to be safe and our obligations to ensure this.

If you have any concerns about our products, you can contact us on

ProductSafety@springernature.com

In case Publisher is established outside the EU, the EU authorized representative is:

Springer Nature Customer Service Center GmbH
Europaplatz 3
69115 Heidelberg, Germany

www.ingramcontent.com/pod-product-compliance
Ingram Content Group UK Ltd.
Pitfield, Milton Keynes, MK11 3LW, UK
UKHW051853200426

11947UKWH00046B/1656